일곱 번째 성좌

박양근 수필집

일곱 번째 성좌

인쇄 2016년 12월 1일
발행 2016년 12월 5일

지은이 박양근
발행인 서정환
펴낸곳 수필과비평사
주소 서울시 종로구 삼일대로 32길 36(익선동 30-6 운현신화타워 빌딩) 305호
전화 (02) 3675-3885, (063) 275-4000 · 0484
팩스 (063) 274-3131
이메일 sina321@hanmail.net essay321@hanmail.net
출판등록 제300-2013-133호
인쇄 · 제본 신아출판사

ISBN 979-11-5933-071-1 03810

값 13,000원

이 도서의 국립중앙도서관 출판예정도서목록(CIP)은 서지정보유통지원시스템 홈페이지(http://seoji.nl.go.kr)와 국가자료공동목록시스템(http://www.nl.go.kr/kolisnet)에서 이용하실 수 있습니다.(CIP제어번호: 2016029430)

Printed in KOREA

본 도서는 2016년 한국문화예술위원회 한국문화예술위원회, 부산광역시 부산광역시, 부산문화재단 부산문화재단, 지역문화예술특성화지원사업으로 지원을 받았습니다.

일곱 번째 성좌

박양근 수필집

수필과비평사

■ 머리말

성좌를 만나며

밤하늘을 보면 언제나 북두칠성을 먼저 찾는다.
일곱 개의 별이 만든 큰곰자리

내 별, 네 별을 찾던 시절이 지나가고
기타로 별을 노래하던 청춘도 멀어지고
별을 잊었던 시절도 가버린

그 후
하얀 A4에 스물다섯 해 동안
문자도를 그린다.

그런데 지금 천공天空을 쳐다보니
별자리는 그대로이지만
눈 머물 별자리가 없다.

요즘 하늘이 바다라는 생각이 든다. 한없이 깊어 수심을 알 수 없는 마음의 바다, 그 위에 수많은 별 그림자가 다시 떠오른다. 대운암의 가파른 돌계단에서 이서국 들판을 바라보던 때, 대구 신천동의 조그만 구암사에서 수성벌 앞산을 내다보던 때, 이기대 밤바다를 마냥 지켜보던 때, 그리고 넓디넓은 바다를 만나던 그 때*때*때…를 떠올리며 일곱 별자리에 세월이 담기는 소리를 듣는다.

이젠 일곱 번째 성좌다.

하늘조리笊籬 성좌.

연구실 떠나는 마지막 해 12월

박 양 근

차례

1.

2.

3.

4.

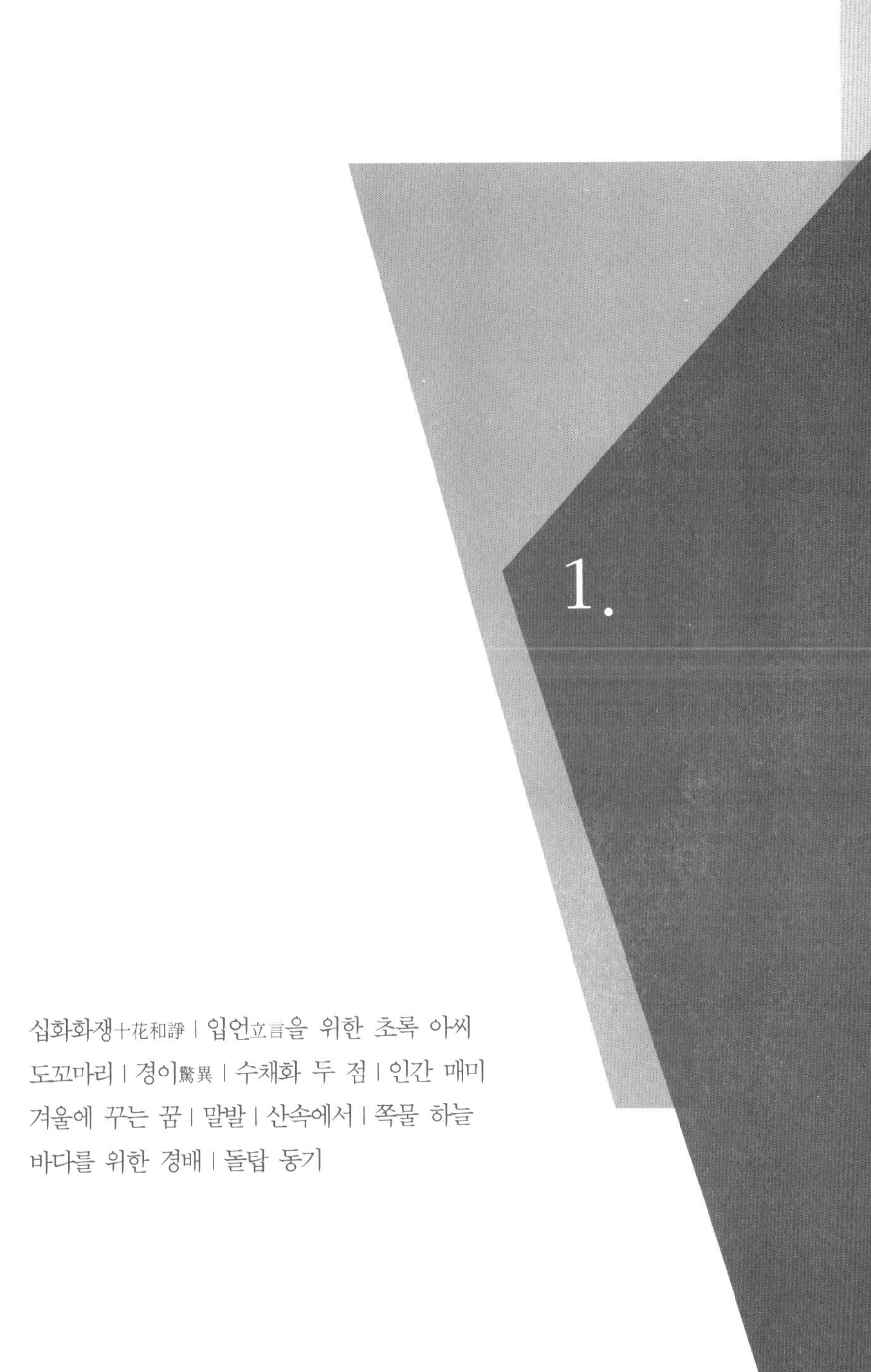

1.

십화화쟁十花和諍

입춘과 우수가 지나면 봄이 본격적으로 밀려온다. 천지사방에서 꽃송이들이 연이어 터지고 싱그러운 춘엽이 무성해지면 계절의 변화에 무딘 사람조차 한번쯤은 "봄이 왔네!" 하고 거든다. 그럴 쯤이면 춘래불사춘春來不似春이라는 말도 무색해진다. 대자연의 변신을 경이롭게 바라보면서 사람들은 봄이 늦다고 불평하였던 자신의 투정을 쑥스러워한다. 인간의 가벼운 마음을 경고하려는 듯, 춘래불사춘의 의미도 봄이 아니라 간절히 기다리는 그 무엇이 오지 않을 때를 지칭하는 말로 바뀐다.

봄에 가장 먼저 피는 꽃을 영춘화迎春花라고 부른다. 봄을 맞이하는 첫 꽃은 가늘디가는 줄기 하나에 긴 겨울을 몰아내려는 화등花燈을 내건다. 그래도 사람들은 꽃이 제때 피지 않는다거나 찔끔찔끔 핀다고 투정을 한다. '봄이 왜 안 오나, 봄이 왜 안 오나.' 도시화가 진행되면서 제비의 내방이 사라져버린 터에 영춘일화인래백화개迎春一花引來百花開라는 말만 남아있으니 봄꽃에 대한 벅찬 기대가 이해가 되긴 한다. 그래서 봄맞이 꽃은 다른 꽃들에게 이제 피어나도 괜찮다고 일러주는 역할을 맡는다. 봄의 진격을 알려주는 전령사이고 나팔수인만큼 영춘화는 사람들의 사랑과 존경을 받기 마련이다.

세상 만물의 등장과 퇴장에 순서가 있다. 인륜으로 말하면 장유유서이고, 생명체에 견주면 생로병사라 하겠다. 우주에도 무소불위의 절대자가 상단에 자리한다. 봄꽃도 순서에 맞추어 등장하는 것이 순리이다. 만일 갯버들의 움이 돋지 않았는데 산수유가 성깔을 부리면 반칙을 하는 것이다. 붉디붉은 도화가 희디흰 매화보다 일찍 벙글지 않는 것도 그들의 세계에서 지켜지는 무언의 협정이다.

올봄에 그 법칙이 무너졌다. 예외 없는 규칙이 없다지만 봄꽃들이 기분 좋은 음모를 꾸민 듯이 한꺼번에 피어났다. 이것을 지켜본 사람들은 꽃들이 반란하네, 발광하네 하며 걱정 반, 경탄 반의 말을 내던진다. 한반도가 아열대로 변하는 기후 탓이라고 설명하기도 한다. 이유가 무엇이든 올해 난 한껏 봄의 향기를 즐길 수 있어 고마웠다. 산수유 한 줄기만으로, 목련 한 송이로… 달빛 머금은 배꽃 소리만 들어도 반가운 터에 한꺼번에 찾아와 주었다. 어쩌면 뒤에 자리한 꽃들이 새치기하듯 피지 않으면 안 된다는 불안감이 입력되었는지도 모를 일이다.

꽃들의 폭동만큼 아름다운 풍경이 없다싶다. 개나리가 봄기운을 [illegible]각이 알려주는가 싶더니 산수유가 '나도' 하며 일어선다. 섬진강 매화마을이 백야를 맞이한다는 소식이 잦아들기도 전에 늙은 벚나무 줄기에 하얀 연분홍 꽃송이가 훈장처럼 달린다. 때맞추어 깔끔한 차림새로 서 있는 목련이 흰 종소리를 울린다. 야트막한 산기슭에 숨어 있던 진달래가 발간 가슴팍을 헤집고 양지바른 비탈에선 배꽃 무리가 흰 이불을 펼친다. 복숭아 과수원에서 복사꽃이 추파를 날리고 조팝나무가 시골길을 따라 하얀 천 자락을 늘어뜨린다. 그런가 하면 외진 산길에서는 찔레꽃이 숨은 눈물을 흘린다. 그렇게 올봄에 나는 꽃들의 동시 출현을 가슴 아프도록 즐겼다. 하지만 왠지 마음이 가볍지 않다.

백가쟁명百家爭鳴이란 말이 있다. 사상가들은 옛 중국 대륙이 혼란에 빠졌을 때 천하통일을 이룰 수 있는 방책을 두고 논란을 벌였다. 그들은 부국강병과 회맹정벌會盟征伐을 실현하기 위해 자신의 학설을 내세우면서 다른 주장을 배척하였다. 자신을 먼저 다스리는 것을 수기치인修己治人이라 한다면 백가쟁명은 천하를 움켜쥐는 것을 목표로 삼는다. 평화보다는 전쟁을, 화합보다는 논쟁을, 수용보다는 정쟁을 좇는다. 당연히 백가쟁명이 지닌 어감이 조용하지도 평화롭지도 아름답지도 않다.

그런데 올해는 봄꽃이 함께, 더불어, 사이좋게 핀다. 제주도에서 서울까지 뭇 봄꽃들이 일심으로 화평스러운 웃음을 터뜨린다. 나는 그 광경을 들여다보면서 십화화쟁十花和諍이라는 말을 떠올렸다. 무슨 이유에서인지 모르나 백화百花라는 이름과 화쟁和諍이라는 용어가 동시에 합친 것이다. 봄에 피는 꽃들이 백 가지가 넘으련만 내가 시선을 준 것은 얼마 되지 않는다. 가만히 헤아려보니 봄나무 꽃으로 개나리, 목련, 산수유, 매화, 벚꽃, 진달래, 배꽃, 이팝나무, 복사꽃, 찔레가 먼저 떠오른다. 올봄에 내가 본 것은 이뿐이지만 열이라는 숫자도 많다면 많다. 그러니 '십화화쟁'이 억지스러운 조어라고는 생각되지 않는다.

요즈음 화쟁이라는 말이 새삼 귀하게 여겨진다. 신라의 자장율사를 거쳐 원효대사가 집대성한 화쟁은 우리나라 불교의 기본 사상인 평등일심을 일컫는다. 신라의 불교 이론가들이 자신들의 교리만 옳고 다른 이론들은 틀리다고 주장하였을 때 원효는 경전을 폭넓게 이해하면서 차별 없는 불법을 펼쳐냈다. 백가쟁명을 화쟁사상으로 바꾼 것이다.

꽃花은 '풀 초草'에 '될 화化'가 합친 말이다. 풀이 꽃으로 변하면서 봄이 왔음을 알려준다. 봄꽃이 이루려는 화和는 무엇일까. 겨울 동안 꽁꽁 언 마음을 녹이고 웅크린 자세를 풀어 함께 살아가자는 사상일 것이다. 꽃을 지켜보면서 원효대사가 일으킨 화쟁사상을 새삼 생각해 본다.

봄을 맞이하여 도처에서 영춘화가 핀다. 꽃잎을 열어 말을 하건만 사람들은 개화의 속뜻을 쉬 알지 못한다. 매화가 맺혀도 벚꽃이 피어도 서로에게 냉랭하다. 배나무 줄기마다 하얀 꽃이 얹히건만 아직 등

돌리고 복사꽃이 피를 토하듯 외쳐도 서로의 거리는 여전히 멀다.

올봄에 참다못한 꽃들이 거사를 일으켰다. 사람들의 속 좁은 마음을 움직이기 위해 화쟁 작전을 세웠다. 노랗고 희고 붉은 언어가 가지마다 피어있다.

꽃꽃꽃, 그 하나하나가 설법보다 귀한 말씀이다.

입언立言을 위한 초록 아씨

새해라는 말이 아직도 귀에서 왱왱거리는 것 같다. 그런데 새해라는 말이 나 몰라라 하듯 뺑소니를 쳐버렸고 이젠 조심스레 걸어야 할 험한 세상길만 남아 있다. 냉정한 말이겠지만 새해는 정월 초하루뿐이다. 나머지 나날은 톱니바퀴처럼 맞물려 굴러간다. 곶감 빼먹는 것처럼 벌써 두 달이 지났네, 봄도 곧 끝물이겠지, 이렁저렁하다가 여름 오겠네 하는 애석한 한탄만 주절댄다. 이것이 한해를 맞이했다가 한 철 한 철 보내는 사람들의 방식이다. 특별한 경우를 빼면 보통사람이 가진 세력歲曆이란 길어야 기껏 일 년이다.

그 세월의 단위를 깨려는 사람들이 있다. 그들은 우선 시간을 거스르는 몸부림을 친다. 그게 가능해지면 인습과 타성을 거부한다. 제도와 시대정신에 반역한다. 정신적 춘투의 선봉에 선 사람들이 예술가이고 문인이다. 그들은 천성적으로 저항하는 깃발을 든다. 나는 창조란 시류에 따라 흐르는 무난한 물줄기보다는 뒤틀리고 꼬이고 뒤죽박죽인 격랑에 가깝다고 생각한다. 시지포스에 의해 동아줄에 묶인 죽음의 신 타나토스의 육신처럼 발버둥치는 거라고 생각한다. 타나토스가 풀려남으로써 세상에 다시 죽음이 찾아와 모든 게 순조롭게 흘러가듯이 예술가는 자신의 죽음으로 세상에 순리를 가져온다. 무엇에 항거하는가는 각자 다르지만 그림을 그리든, 글을 쓰든, 음악을 작곡하든, 반역이라는 대들보에 자신을 세우는 사람이 그들이라고 믿는다.

문인은 글을 쓰는 사람이다. 글을 쓰는 게 아니라 글을 세우는 사람이다. 글로 마음을 세우고 뜻을 일으키는 것이니 입신이 아니라 입언立言이라 할 것이다. 중국 한나라의 사마천이 친구인 지준摯峻에게 보낸 편지에 이런 말이 나온다. "군자가 귀하게 여기는 인생의 바른 길에는 세 가지가 있으니 최고의 가치는 덕행을 수립하는 입덕立德이요, 그 다음은 책을 써서 자기주장을 세우는 입언立言이요, 마지막은 세속적 공을 세우거나 출세를 하는 입공立功이다." 이것을 삼립三立이라 부른다. 그는 삼립 가운데서 저술을 출세보다 앞세웠다. 아마도 풍요로운 정신이 풍부한 물질보다 더 귀하다고 여겼을 것이다.

사마천은 흉노족과 싸우다 포로가 된 이릉李陵을 변호하다가 한 무제로부터 거세형을 받은 뒤 자살까지 생각했다. 그러나 아버지의 간곡한 유언이 있어 삼립 가운데 하나라도 이루기 위해 남자로서의 치욕을 견디며 중국의 ≪사기史記≫를 펴냈다. 기원전 91년경에 완성된 이 옛 책은 지금도 많은 사람들에게 통찰과 지혜를 주고 있다. 그는 ≪사기≫를 지은 뒤 얼마 안 되어 숨을 거두었다. 130권에 달하는 불후의 저서를 남기고 죽었다. 잡초조차 거듭 돋는 봄에 유난히 생각나는 문인이다.

봄날에는 모든 것을 구경하기 좋다. 들풀이 푸른 불길처럼 번져가는가 하면 매화꽃잎이 눈처럼 휘날리고 푸른 냉이가 상에 오른다. 그런데 〈춘망春望〉이라는 두보의 시가 생각난다. 두보가 46세 되던 해, 처자를 만나러 가다가 백수에서 안녹산의 군대에 사로잡혀 장안에 연금되어 있을 때 지은 시다. 나는 그중에서 제3~4구절인 "꽃을 보아도 눈물이 나고 새소리에도 가슴이 떨린다."를 가장 좋아한다. 이렇게 처연한 봄이 없다. 모두가 꽃놀이에 희희낙락하건만 두보는 혈육에 대한 그리움과 쇠락해지는 자신의 몸을 한탄한다.

빈약한 글쟁이의 자화상이 이런 마음일 게다. 수년을 돌아보니 입언은커녕 공자님 말씀처럼 남의 글을 베끼는 수준을 아직 넘어서지 못했다. 술이부작述而不作일 따름이다. 증류하든, 냉동하든, 찌든, 방부처리하든, 육신이 다하면 혼의 그릇에 증류수 같은 서너 문장이라도 떨어져야 할 텐데.

그렇게 생각하며 봄볕 속으로 들어선다. 3~4월에는 유난히 사방에서 융기하는 소리가 들리는 때다. 봄 파도는 연인을 마냥 밀어붙이듯

뭍으로 올라오고, 붉은 흙을 뚫고 자라는 푸른 대파의 발기가 자못 장엄하고, 백합에서 흰 암고양이의 암내가 난다. 아무리 미물일지라도 쓸쓸한 고독을 깊숙이 숨기고 그냥 한철 살다 가겠다는 모진 목숨들을 볼 수 있는 게 봄의 봄이라고 생각하고 싶다.

나는 "봄"이라는 말을 사랑한다. 봄에는 봄見한다는 뜻도 들어있다. 열정을 유연하면서도 활활 태우는 것이 요즘 한창 돋는 새싹이다. 순筍과 아芽를 두고 나무가 눈뜬다고 말하듯 그것들이 나무의 눈眼이고 손이다. 세상에서 가장 작으면서도 더 없이 맑고 지순한 것이다. 그런 눈과 손이라면 난 오래 마주 보고 꼬옥 잡고 싶다. 그것이 있어 만물이 돋고, 솟고, 핀다. 봄이 탄다는 말도 생겨난다.

지금 창밖에 그 손님이 와 계신다.

나는 그 초록 아씨를 지켜볼 때마다 눈물이 난다. 작은 몸으로 겨울에 저항하고 부조리를 거역하고 뒤틀린 세상에 반역한다. 저런 펜과 저런 촉수를 하나 가지면 하고 바란다. 친구를 위하여 변호하다 자살까지 생각했던 사마천도 초록 아씨가 있어 입언立言을 하지 않았을까.

도꼬마리

세월에는 늘 뭔가 붙어 다닌다. 나이 따라, 철부지가, 욕심이, 오만이, 부주의가 붙어 다닌다. 나이를 더 먹으면 이번에는 미련이 그림자처럼 뒤따른다. 그러다가 나이가 철이 들면 즐길 만큼 즐겼으니 지금부터 마음을 비우리라 말한다. 하지만 더 채우고 싶어지는 게 인지상정이다. 인생살이가 노련해졌겠다, 세상을 보는 눈이 깊어졌겠다, 할 만큼 했지만 여전히 할 일이 많은 것 같다고 여긴다. 그냥 살아도 감지덕지인데 반환점에서 멈추라면 지금까지의 무사주행이 누구에게나 아쉬운 법이다.

사람은 자동차처럼 시도 때도 없이 브레이크를 밟을 수 없다. 과유불급과 탐진치貪瞋癡라는 말을 빌리지 않아도 강변에 가면 하다못해 그럴듯한 돌 하나라도 주머니에 넣어야 마음이 편해지는 게 인간이다. 포기하는 척하지만 사실은 쥘 수만 있다면 돈이나 명예를 몸 어딘가에 지니고 싶어 한다. 그러니 산에 가도 뭔가가 몸에 붙었으면 하고 바란다. 나는 이걸 도꼬마리 증후군이라고 부르고 싶다.

야생초에 도꼬마리라는 식물이 있다. 성질이 고약한 놈이라서 도깨비바늘이나 찍찍이처럼 몸에 붙으면 좀처럼 떨어지지 않는다. 일순간에 들러붙어버린다. 살던 곳을 버리고 나 몰라라 붙은 모양이 바람난 여자의 마음이다 싶지만 스치는 우연에 모든 여생을 맡기는 모습을 지켜보면 그 단호한 결기에 고개를 숙이게 된다. 어디든 바람 따라 뿌리를 내리겠다는 작심을 하고 있으니 해탈의 존재랄까. 결국 만나는 건 우연이고 떨어지는 건 의지이니, 도꼬마리 하나에서 별리의 정한을 새삼 되살리기도 한다.

나는 한가로운 가을 시간이 생기면 인적이 드문 야산을 찾아간다. 산비탈 도로를 오르면 바람이 사방에서 불어오는 잡목 등성이에 다다른다. 푸르면 푸른 대로 누르면 누른 대로 얼마나 조용한가 감탄하다가도 그냥 조용히 고개를 숙인 그들은 보면 이유도 없이 적막하다 싶다. 잡목과 잡초들이 서로 어깨에 걸치듯 사방팔방 엉킨 풍경을 보면 홀로 선 자신이 측은해질 수밖에. 나아가 무명無名의 잡풀조차 외로움을 싫어한다는 속마음을 주고받는다.

그럴 땐 묵묵히 그들 사이를 걷는다. 잡초와 잡목과 잡토로 이루어진 호젓한 산속에서 잡인雜人이 된 게 그렇게 행복할 수가 없다. 출신도 신분도 필요가 없다.

그들 중에 도꼬마리란 잡풀이 있다. 도꼬마리는 반듯한 길을 마다하고 사람의 출입이 뜸하지만 언젠가는 누군가 찾아올만한 곳에서 주로 자란다. 지나가는 누군가를 놓치지 않겠다는 의지로 일년사계를 묵묵히 견디는 몸짓을 보면 도꼬마리가 보여주는 철학이 경이롭기만 하다. 나는 그런 곳을 지나치면 일부러 그들의 몸에 내 몸을 비비듯 스치며 지나간다. 때맞추어 산바람이 지나가면 도꼬마리는 기회를 잡았다는 표정으로 내 옷에 붙는다. 여름철 야산에서 만나고 싶은 게 도꼬마리다.

도꼬마리는 여름 동안 노란 풀꽃으로 지내지만 스산한 바람이 불면 제 본색을 드러낸다. 숲속에 숨어 있는 모습이 제 앞 못 챙기는 맹순이처럼 여겨진다. 맹순이 같은 도꼬마리가 일생에 단 한번 애교와 집념을 보이는 때가 있다. 물기 오르는 줄기가 마르고 꽃잎이 떨어져 여윈 모습이 되었을 때이다. 누군가의 몸을 빌어야 삶이 이어진다는 것을 본능적으로 자각하는 때이기도 하다. 숙주의 몸에 붙는 순간의 민첩성을 미워할 수도, 거부할 수도 없다. 호소하는 몸짓을 읽으면 당신만이 새 땅으로 인도해 줄 수 있다는 구원의 신호를 보내는 것 같다.

어린 시절에 도꼬마리 놀이를 했다. 한 움큼 딴 도꼬마리를 들고 돌아다니며 친구들의 등에 던지기도 하고 나뭇가지에 옷을 걸치고 도꼬마리를 던져 점수를 올리는 놀이를 하기도 했다. 서양의 다트

게임과 비슷하지만 개수로 승부를 가리고 또 달라붙는 모양새가 전혀 다르다. 붙어 있는 기운은 힘센 근육질 팔이나 예민한 손놀림이 아니라 죽은 시신이 깍지 낀 악력처럼 집요하게 느껴진다. 그 기세를 알면 들풀 한 줄기마저 쉽사리 떼어낼 수 없다.

나는 종종 글쓰기가 도꼬마리를 닮았다고 여긴다. 글감과 작가와의 관계가 도꼬마리 같다. 소재는 늘 작가의 생각 속으로 들어오려고 하는데 정작 작가는 무심히 지나치거나 붙은 소재를 쉬 떼어버리는 것이다. 소재는 언제나 새로운 장소에서 새로운 생명으로 태어난다. 눈바람만 부는 빈 들판에서 손을 잡아 달라며 가을 도꼬마리가 몸을 떨고 있다고 생각하면 글을 아니 쓸 수가 없다.

글이 아니라도 상관이 없다. 종종 누구나 경험하는 일이지만, 산길을 쏘다닌 후 옷에 도꼬마리 하나 붙어있지 않으면 실망이 이만저만이 아니다. 내가 얼마나 못났으면 도꼬마리조차 외면할까 하는 자괴심 때문이다. 진흙탕 길을 걸으면 신발에 흙이 묻고 들판을 돌아다니면 바짓단에 풀잎 하나라도 붙어야 한다. 그런 것에 비하면 못난이 도꼬마리가 참으로 귀한 손님으로 여겨진다.

도꼬마리는 열매나 꽃으로 쉽게 기억할 수 없다. 오직 꽃잎을 모두 바람에 날려버린 후에야 가시에 해당하는 돌기로 자신을 보여준다. 그 가시는 나그네에게 상처를 입히려는 게 아니라 동행을 청하는 손길인 것이다.

파스스… 파스스…

가을이 다가올 무렵, 도꼬마리를 만나러 야산으로 간다. 외진 산중턱 어딘가에서 마냥 기다리며 버티는 것이 어디 도꼬마리뿐인가. 그런 그를 만날 때면 가을바람조차 훈훈하다.

경이驚異

이곳에서는 철 따라 다른 맛이 풍겨난다. 이른 봄에는 파릇한 쑥밭이 깔리는가 하면, 식욕을 잃은 늦봄에는 생강나무 냄새가 풍겨오기도 한다. 여름이 되면 잘 익은 도화가 혼을 빼놓고 가을바람이 차다 싶으면, 중양절 국화 향기가 다시 그리워진다. 때맞추어 바뀌는 풍경에 넋 놓고 있노라면, 낙엽이 어깨를 툭 건드렸다가는 떨어진다.

세상의 모든 것이 늘 같지 않다. 움직이고 흔들린다. 계절의 순환도 마찬가지다. 봄이 소생의 시절이라면 여름은 성숙의 절정기이고 가을이 풍요의 시기라면 겨울은 인고의 고비에 해당한다. 사람에 비하면 생로병사이고, 나라에 비하면 흥망성쇠이고, 우주에 대비하면 카오스와 코스모스다. 사계가 그러할진대 계절에 얹혀사는 만물이 어찌 변하지 않을 것인가?

요즘 나는 바다가 보인다 싶으면 마냥 그 길로 들어선다. 변하듯 변하지 않고, 변하지 않으면서 변하는 단 하나를 가까이 두고 싶어서다. 이기대가 정말 그런 곳이다. 이기대의 모든 길이 새 풍경을 만들어 낸다. 특히 석양 무렵, 적막을 깨는 새소리가 울리면 황금빛 해송이 내 손을 잡아 숲으로 들어오라 한다. 그 순간의 반가움은 아무리 읽어도 이해하지 못했던 책이 마침내 문을 열어줄 때의 기쁨과 같다. 자연이 스승이라는 옛말을 빌리지 않더라도 바다 냄새가 밴 숲을 알현할 때면, "아, 자연은 맛있다!"라는 외침을 토하게 된다.

지난 주말 아침에도 이 길을 걸었다. 무더위에 지친 사람들에게 베푸는 마사지 같은 단비가 저지른 난장亂場을 보고 싶어서이다. 하루가 다르게 넓어지는 떡갈나무에서 빗방울이 뚝뚝 떨어지는 소리가 유난스럽게 무겁게 느껴지고 때맞추어 먹이를 찾아 잠수하는 바다가마우지의 목에 힘이 돋는 게 보인다. 녹녹한 바닷바람과 햇살이 두 손바닥에서 다정하게 얽히고 보랏빛 갯개미취 무리가 검은 갯바위와 어울리면 그 길은 더욱 은밀하게 속삭여준다.

나는 지난해 겨우 한 권의 책 부피 밖에 글을 쓰지 못했다. 더 이상 글을 쓰지 않고, 한 해만이라도 지날 수 있으면 좋겠지만, 그럴 수가 없으니 돌확에 물이 차는 마음을 좇기로 한다. 매번 바닷길을 빌리려는 이유도 이 때문이지 싶지만 사실은 옥죄고 있는 무명無明에서 벗어나고 싶어서다. 모든 것이 머리의 기억으로 남기보다 가슴의 추억으로 남고, 그냥 자연스럽게 녹아 한 편의 글로 옮겨지기를 바란다. 그때 쯤이면 내가 걷고 있는 바닷길이 경전의 한 줄과 같아질 수 있을지….

청록 파도가 절벽에 튀겨내는 물방울을 볼 때면 도교의 경전을 모아 놓은 운급칠첨雲級七籤이 떠오른다. 그중에 팔난八難이 있는데 첫 어려움은 도를 닦으려는 마음을 놓지 않는 것이고 두 번째 어려움은 진짜 스승이 옆에 있어도 학생이 스승을 받아들일 준비가 되어있지 않는 것이다. 동서양을 막론하고 많은 시인 묵객이 세상을 등진 이유가 나름대로 있다 싶어 자연이 길을 내준 것이 고맙기만 하다.

묵은 회상은 어디에서 되살아날까. 기억회로가 망가진 두뇌가 아니라 감성의 림프가 포도 알처럼 맺힌 가슴이기를 바란다. 머리 작동이 일시정지할지라도 가슴은 언제나 울먹거릴 테니까.

산책은 몸이 아니라 마음으로 한다는 말이 있다. 실제 바람이 모든 사물을 살아나게 한다. 희랍의 철학자 탈레스가 물이 만물의 생명이라 하였지만 가만히 돌아보면 바람이 만물을 생동시킨다. 바람이 겨울 내내 누워 있던 마른 갈대를 녹색의 깃발로 다시 세우고 설해목에 새 가지를 돋게 한다. 이런 변화를 상상하면 나는 홀로 변하는 것이 무엇이든 사랑스럽기만 하다.

바다를 따라 뻗어 내린 길 중간쯤에 병풍바위가 펼쳐져 있다. 이곳에 다다르면 숨이 차지 않아도 한동안 발길을 멈춘다. 오른편으로는 천년무늬를 새긴 바위가 십장생처럼 펼쳐져 있고 왼편으로는 학이 앉아도 좋을 노송 세 그루가 세한도를 이루고 있다. 필시 자연은 무슨 연유가 있어 이런 풍광을 오래전에 만들어 두었을 것이다. 그래서 이곳에 서면 일상의 끈이 탁 끊어지면서 희열과 전율이 온몸을 감싸 준다. 이런 찰나의 만남이 얼마나 계속될지 알 수 없지만 분명한 사실은 바위는 더욱 노회하고 노송은 더욱 노숙해지리라는 점이다. 그 숙연함을 생각하면 자연의 경이란 조용히 주어지고 그냥 받아들이는 것이 아닌가 싶다.

배려라는 말이 있다. 사람의 마음 씀씀이를 말한다. 그러나 배려가 아무리 깊다 하더라도 자연이 한순간에 베푼 자비심에 비하면 아무것도 아니다. 내가 지금 걷고 있는 바닷길이 베푸는 배려라면 무엇보다 마음의 동공을 열어주는 것이다. 이곳에 올 때마다 내가 가장 잘 안다고 여기는 것도 사실은 여전히 낯설다는 사실을 인정하게 된다. 오랫동안 눈에 익은 돌조각이 오늘만큼 어깨를 숙이고 손을 이마에 댄 사람으로 보이면 이게 자연의 배려인가 싶다. 그래서 나는 매번 세상을 배알하는 기회가 자주 주어지기를 염원하곤 한다.

일 년 중 달이 가장 크다는 슈퍼 보름날이 있었다. 나는 해월을 맞이하러 축시丑時에 이기대로 나갔다. 하루 종일 비가 내린 탓으로, 인적 없는 바다에는 오직 황금빛 달만이 조용히 떠 있었다. 그는 내려다보고 있었다. 나는 그냥 올려다보고 있었다. 그냥 올려다보고 내려다보는 시선뿐이었다.

"울지 마라. 세상 어디선가 너처럼 외로움을 안고 가는 사람이 있느니라."

나는 묵묵히 고개를 끄덕였다. 바다 위를 환하게 뿌리는 광휘도 요람처럼 일렁이며 가슴을 다독여주었다. 자연을 따른다는 거창한 명분이 아니라 그냥 보고 들을 수 있는 눈과 귀가 있다는 게 그 순간처럼 그렇게 고마울 수가 없었다.

그 이후 내게는 이기대를 사랑하는 이유가 하나 더 늘었다.

수채화 두 점

경칩이 지난 강바람은 여전히 차다. 그래도 꽃샘바람의 손사래는 아쉬울 만큼 쇠잔해졌다. 한 주가 지날 때마다 매화 가지와 벚나무 등걸에서는 꽃향기가 제법이다. 강둑에는 다래와 냉이가 푸른 상체를 드러내고 갯버들의 자주색 망울은 곱살스러운 하품을 켠다. 봄이 봄인 이유는 어울림 때문이라는 생각이 스치듯 떠오른다.

누구든 봄을 예찬한다. 아름다워서다. 누구든 이 계절을 좋아한다. 역시 싱싱해서다. 그러나 봄은 적극적인 구애보다는 은밀하게 나누는 정과 같다. 성급하게 가슴팍을 제치는 손길이 아니라 묵묵히 시련을 견디는 애모의 몸살이다. 그만큼 눈길과 느낌으로 봄을 맞이하고 싶다.

봄은 상대를 가리지 않고 공평하게 대해준다. 베풂에 굴곡이 없고, 열림에 차별이 없다. 봄은 도시의 뒷골목에서 뛰어 노는 아이에게도, 산골 무덤 속에 잠든 영혼에게도 손을 동시에 내민다. 아파트 베란다의 봄이라도 강변의 봄만큼이나 가슴을 설레게 한다.

봄이 흐른다. 언젠가는 다시 강변의 수양버들 그늘에 앉아 사람 사는 마을을 바라볼 수 있다. 강물을 통해 촌경村景을 대하려는 마음은 봄맞이보다는 조우의 걸음이라고 주절거려 본다. 매화 향기를 맡아보고, 사금파리로 캔 냉이도 씹어 보고, 갯버들을 쥐어보면 가슴 멍울이 '쏴' 하고 씻어지겠다. 봄기운을 차용하고 싶은 갈망이랄까. 그 봄을 보고, 듣고, 느끼려 강으로 가는 것이다.

강물을 지켜본다. 수면을 거쳐 강둑으로 밀려오는 물살을 본다. 밀려오는 모양이 파도의 움직임과 다르다고 느낀다.

바다의 파도는 심술궂다. 용을 쓰며 밀치는 형세가 괴팍하리만큼 요란스럽다. 파도의 폭도 들쭉날쭉이고 한두 번은 신발을 적실만큼 심술궂지 않은가. 뒤켠의 파도가 앞쪽의 파도를 밀치면 어떤 물살이든 너부러지고 깨어진다. 바다에 서면 누구든 유배지의 나그네가 된다.

한데, 강에서는 앞의 물결이 뒤의 물살을 은근히 끌어당긴다. 뒤의 물살은 살며시 밀어준다. 강물이 찰랑거리는 소리에 귀를 기울이면 기름을 먹인 장판 위를 스치는 비단 치마의 서걱거리는 소리가 들리는 것 같다.

눈을 감고 강물 소리를 듣는다. 반들거리는 호박빛 장판에 그림자를 드리우며 치마가 나붓대는 소리를 눈으로 그리며, 세상사는 법을 배워간다.

강변의 마을을 지켜보던 심정으로 살 수 있으면 한다. 삶이란 밀치는 것도, 따라잡는 것도 아니다. 은근히 끄는 것이다.

겨울에는 하늘이 넓어진다. 목덜미가 허전할 만큼만 시린 날, 산비탈을 따라 자라는 나무 밑에 선다. 바람은 여느 계절과 달리 잔가지 사이로 여유 있게 지나간다. 저녁노을이 서산을 물들인다 싶더니 산 밑 마을에서 불빛이 깜빡인다. 유달리 눈 줄 곳도 없는데 마음이 펴진다. 겨울나무가 있어서다.

여윈 억새가 서로의 몸을 비비는 산길 풍경이 차라리 여유롭다. 그러고 보니 꽃향기는 어디에도 없다. 무성했던 녹음마저 사라졌다. 한철 단풍의 미련조차 흔적으로 녹았다. 외진 소나무 한 그루가 바쁘지 않은 진정한 자유를 얻는다.

오솔길마저 넓다. 여름이라면 무성한 들풀로 반쯤은 가려졌을 텐데 넉넉한 폭이 여유롭기만 하다. 가시넝쿨에 신경을 쓸 필요가 없고, 헛발을 딛기 쉬운 곳에는 낙엽이 넘치도록 깔려 발걸음을 도와준다. 비탈 산길에 들어서면서 뒷짐 지고 걸으며 산의 자비를 빌어 맞은편 능선으로 고개를 돌린다.

수림樹林이 촘촘히 박혀 있다. 먼 산등성이의 나무들을 바라보면 나무는 위로 서 있다기보다는 천기天氣를 잇는 폭포 줄기처럼 땅으로 내리박힌 형상으로 보인다. 어쨌든 나무로 하늘과 땅이 잇대어 있고, 나뭇가지마저 서로의 몸을 비벼대며 한겨울을 난다. 다투지 않는 모습이 더없이 보기가 좋다. 여름의 잎은 하늘과 산을 나누고, 길과 숲을 가르고, 사람은 쫓고, 짐승의 몸을 숨겨주는데 겨울은 이것들을 한자리에 모은다. 그 만남이 고마워 홀로 선 겨울 소나무 밑에서 오래도록 서성인다.

마른 줄기에 매달린 낙엽 하나가 바람에 실려 떨어진다.

나^ 풀^.

한 마리 나비가 무희보다 나붓하게 춤을 춘다. 제 자리를 떠나는 마지막 몸 사위가 내 앞에서 떨고 있다. 세 계절 동안 꾸준히 지켜온 자리, 넓은 잎을 잇대어 뭇 짐승의 등 땀을 식혀주던 자리, 그러면서 사람들에게 화려한 눈요기를 주었던 자리, 그 공덕이 부족하다 싶은지 낙엽이 이번에는 희생의 춤을 춘다.

끝내 그 몸이 떨어진다. 나비처럼 휘감아 내리는 몸짓을 지켜보면서 생각한다.

가을산은 횃대다. 불꽃을 일으키는 거대한 횃대다. 횃불이 어둠을 밝힌다면 가을산은 가을을 밝힌다. 횃농이 횃불의 마지막 흔적이라면 낙엽은 산이 떨구는 마지막 횃농이다. 제 일을 다 하고 제자리를 찾은 길. 그러니 산길에 깔린 낙엽을 차마 밟을 수 없다. 왜냐하면 그 잎이 내 가슴이기 때문이다.

지켜본다. 말 못할 두려움으로, 숨죽인 낙엽을 자꾸 뒤돌아보며 햇발을 딛는다.

희생은 떨어지고, 버려지고, 눕혀지고, 부서지는 것. 떨어지는 순간은 피어나는 시간에 비하면 짧다. 땅 밑에서 견뎌내는 기다림의 시간보다 더더욱 짧다. 그러나 육신의 텃밭인 흙으로 되돌아가는 낙엽이 연출하는 겨울 풍경은 우리에게 절대적 희생을 일러준다.

그래, 희생은 낙엽이다. 낙엽이 희생이다.

낙화落花.

그것이 겨울 산에서 배우는 가장 아름다운 언어다.

인간 매미

한여름이 되면 온 세상이 한껏 늘어진다. 보이차만큼 넓은 오동나무의 잎은 제 무게를 견디지 못하는지 힘겨워 보이고 한낮 눈부신 햇살을 되비치던 옥수수 잎도 긴 몸을 아래로 내려뜨린다. 행인들의 발걸음은 느려지고 수족관의 물고기마저 느릿느릿 지느러미를 꼰다. 한껏 심통을 부리던 시내버스도 거리의 열기가 마땅찮은 듯 속도를 줄인다. 모두가 제힘을 변변하게 쓰지 못한다. 달리 생각하면 삼복 태양에게 보내는 겸손의 자세이기도 하다.

그러나 올여름의 세상만사는 그렇지 못했다. 도처에서 토해내는 말의 열기가 가뜩이나 무더운 여름을 더욱 찜통으로 만들었기 때문이다. 그깟 무더위를 여름에서 가을로 접어드는 날씨의 통과치레라고 여기면 되겠지만 사실은 여름철의 기상이변은 한치 앞을 내다보지 못하는 사람들이 저지른 결과이기도 하다. 다음날이면 바뀔 정책을 두고 공방을 벌이는가 하면 날림 집짓기하는 정치 철새는 갈수록 갈팡질팡이었다. 하지도 않아야 할 군소리도 적지 않았다.

그러다 보니 이제는 넘어갈 작은 일에도 댓글이 붙고 댓말이 따른다. 미덕으로 여겨온 과묵한 자세와 무거운 지조는 아예 무시되고 내가 잘하니, 네가 못하니 하는 말만 낡은 축음기처럼 맴맴 돌기만 한다. 그만큼 한반도가 찜통이 되어버렸다. 여름 무더위의 달인인 매미마저 어찌 삼복 무더위를 견딜 수 있을까. 말 많은 사람들은 이제 늘 우는 매미와 맞장을 뜨려 할지도 모르겠다.

심심한 것을 핑계로 따져볼 일이 하나 있다. 사람들이 말싸움을 하는 통에 가장 큰 피해를 입은 곤충은 무엇일까 하는 것이다. 단번에 생각하여도 매미라 여겨진다. 무슨 뚱딴지같은 논리냐고 말하더라도 매미의 마지막 울음을 들으니 저절로 그런 생각이 든다.

내가 기억하는 옛 매미는 풍류객이었다. 아침 햇살이 먼 동산을 훤하게 밝히기 시작하면 매미들은 저마다 아침 이슬로 몸을 씻고 갖가지 음색을 뽐내기 시작했다. “맴맴맴”, “쓰피오 쓰트르르”, “맴맴맴 피오스 피오스”, “추올스 추올스 추루루루루”, “쒸이 빌빌빌빌 쒸르빌” 등 다채로운 변주가 마을을 가운데 두고 사방에서 울려 퍼졌다. 짝을 찾는 소리라고 어른들이 일러주면 1930년대의 모던걸과 모던보이가 따로 없다 싶기도 했다. 추억 속에서 사라지지 않을 한여름의 멋쟁이들이다. 그래도 매미들은 지겹도록 울지는 않았다. 입추가 다가오면 신통하게 스스로 기세를 죽였다.

갈수록 매미가 우는 장소도 시간도 넓어지고 길어진다. 웬만한 장소쯤은 매미들이 점유하다 못해 인구밀집지역인 아파트 단지에서도 매미 울음은 예사가 되었다. 도시 관공서 나무도 매미로 점령되었다. 운다기보다는 악을 쓴다는 인상도 지울 수 없다.

딴은 이유가 없는 게 아니다. 우선 숲이 많아졌다. 세월을 먹은 가로수들이 녹음을 투실하게 내리면서 새와 곤충들이 몸을 숨기기에 적합하게 되었다. 아파트단지마다 조경용 숲을 갖춘 덕분일 것이다. 그뿐만이 아니라 가로등과 아파트 창에서 늦도록 불빛이 사라지지 않으면서 매미가 밤낮을 요량하지 못하게 되었다. 근원적인 이유로서 북극의 얼음도 녹인다는 지구 온난화 현상도 보태어야 할 듯하다.

오래 우는 것은 그렇다 쳐도 극성스럽게 우는 이유는 무엇일까. 요즈음에는 어디를 가나 목소리가 큰 사람이 이긴다. 그런 현상은 원칙이나 상식보다 억지가 통하는 사회가 되었다는 뜻이다. 억지 목청이 먹히는 곳이 교통사고 현장인데 이런 풍토가 급기야 법정과 정치계까지 미치고 있다. 학생과 선생과 학부모 사이에도 우격다짐이 심심찮은 터에 어찌 자연생태계에도 미치지 않을 건가.

드디어 매미가 분노를 터뜨리게 되었다. 여름철만큼은 자신들이 주인공이라고 여긴 터에 사람들이 벌이는 아귀다툼을 지켜보다가 작심을 하였다. 풍류 대신에 고성방가를, 절제 대신에 만용을, 분별 대신에 무절제가 어떤 결과를 가져오는지를 일깨워주기 위해 제 목이 터져라 피를 토하며 울고 있는 것이다.

지난해 여름 매미의 성량은 참으로 우렁찼다. 소프라노와 테너의 향연을 베풀어주었다. 시원한 나무 그늘 밑 평상에 누워 건강과 매력을 과시하는 매미 "노래의 힘"으로 기력을 되찾곤 했던 때가 기억난다. 게다가 얼마간의 시간이 지나면 풀벌레가 목청을 돋우고 그럴 때면 가슴을 적시는 실내악을 듣는 즐거움이 뒤따르겠다고 기대를 하였다. 나도 저렇게 흐르는 순리를 배워야겠다고 생각한 때가 멀지도 않은 작년이다.

그런데 올해는 솥뚜껑 보고 놀란 가슴 자라 보고 놀란다고 하듯이 세상 잡음에 시달린 내 귀가 매미의 절창을 시답잖게 여기게 된 것이다. 7년의 기다림 끝에 드디어 출연한 작은 연미복을 걸친 악사의 목소리가 자꾸만 악다구니로 들린다. 제 본분을 다하려는 매미의 울음이 그렇게 들린다. 어찌 매미의 미성이 달라진 것인가. 도처에서 악을 쓰는 소리만 듣다보니 내 귀가 그렇게 된 것이고, 따지기만을 잘하는 인간 매미의 악심에 내 귀가 제 기능을 잃어버린 탓이다.

그래서 올여름은 참으로 슬픈 계절이 아닌가 싶다.

겨울에 꾸는 꿈

무르익었던 산천이 본연의 모습으로 돌아간다. 풀이 쓰러지고 나무가 잎을 떨구고 산기슭의 맨흙이 드러난다. 겨울 자연이 보여주는 섭리다. 다른 계절도 마찬가지지만 절후에 맞추어 달라지는 겨울갈이가 유난스럽게 눈에 띈다. 내가 나이를 먹었다는 마음 때문인지도 모른다. 그것보다는 모든 것이 순리에 따른다는 평이한 진실에 눈을 뜨기 시작한 탓일 게다.

짧은 겨울 하루를 보내며 괜스레 용을 써본다. 봄기운을 되살려 보는 것이다. 지난 봄의 기억이 가물거릴수록 다가오는 봄은 지척에 있다는 궤변을 굴려보며 아파트를 나선다. 겨울 저 너머에서 오고 있는 봄을 맞이하는 길이다.

모처럼 산에 올랐다. 내가 즐겨 찾아가는 황령산이다. 이름만 들으면 산신령이 살고 있을 만큼 깊어 보이지만 실은 30여 분 걸으면 기슭에 닿는 인근의 야산이다.

그 산에 봄이 숨어 있다. 천천히 발을 옮기다가 봄 자국을 찾아내면 괜히 걸음이 가벼워진다. 찬바람이 마주치는 산자락인데도 나뭇가지에는 봄맞이 채비를 하느라 꼼지락거린다. 동백 꽃송이가 몸을 배배 꼬고 오리나무 가지 끝에서 보풀이 떠는 진동을 느낀다. 땅바닥을 내려다보면 진달래 새순이 금방이라도 돋아날 듯하다. 춘신春信이 꿈이 아니라고 여겨진다.

봄은 향기에 실려 오는가 하는데 그게 아니다. 나뭇가지 끝에서 이슬마냥 피어난다. 하기야 봄이 오는 길목은 딱 어디라고 정해져 있지 않다. 논밭을 일구기 위해 농부가 손질하는 농기구에서, 밭두렁에서 쑥을 뜯는 아낙의 손끝에서, 첫 출어를 나선 어부들이 던지는 그물에 봄이 걸려 오르기도 한다. 살살 내리는 봄비를 타고 몸을 드러낸 지렁이로부터 봄이 오기도 한다.

봄은 조용히 와야 제격이다. 만일 봄이 야구 경기장에서 극성을 부리는 군중들처럼 밀려오거나, 화사한 몸매를 자랑하는 아가씨처럼 경박스럽다면 단연코 나는 봄을 외면할 것이다. 꽃향기가 간드러질 쯤이면 이미 봄이 아니라 군중들의 취향에 야합한 소동일 뿐이다. 겨울 동안 견딘 인내심을 다독거려 주는 모습이라야 제격이다. 무엇이 든 살그머니 다가와 내 어깨를 툭 치고, 나도 짐짓 놀란 목소리로

'너 왔는가' 하고 눈을 동그랗게 떠야 참한 만남이라고 할 것이다. 나는 그러한 만남이 사람에게도 있으면 좋겠다.

내 봄맞이 장소는 산자락이다. 계곡에서 만난 버들강아지가 웃음을 참고 있는 소녀의 볼과 같구나 하지만 그 곁에 오래 머물지 않는다. 연둣빛이 겨울 동안 붉게 드러난 산등성이를 덮은 곳에 다다라야 걸음을 멈춘다. 시간마다 다채롭게 변하는 색조를 보고 싶은 것이다. 짙고 얇은 것, 그 섬세한 색감이 움츠린 기분을 조절해준다. 그중에서 햇살에 반사되는 연초록이 가장 마음에 든다. 어린이의 발바닥만큼이나 맑아 마음이 덩달아 선해지기 때문이다. 겨울철의 붉은 산자락에서 꾸는 녹색의 정원이랄까.

잎의 모양으로 나무의 성격을 짐작해본다. 바늘귀 같은 솔잎에는 선비 정신이 깃들어 있고, 넓적한 오동나무 잎으로 시골 아낙의 씀씀이를 재본다. 아래로 약간 처진 떡갈나무는 소의 눈망울같이 편안하다. 그런 잎사귀도 언젠가는 우리네 삶처럼 투박해진다고 여기면 괜히 마음이 짠해진다. 아름다워 불쌍한 것, 선홍빛 진달래와 연초록 잎이 어울린 나지막한 산이라면 설악산과 덕진 연밭이 부러울까. 명산과 이국의 설경에 못지않게 황령산의 화기가 마음을 사로잡는 이유가 가까이 있어서다. 겨울에 느끼는 지척지근의 봄, 가을을 두고 천고마비라고 하지만 봄이야말로 산이 살찌는 계절이다.

산굽이를 돌았다. 쉬엄쉬엄 걸었는데도 제법 올라왔다. 햇살이 반듯한 능선에 서서 그늘에 잠긴 계곡을 내려다본다. 산 아래에서 정상을 쳐다볼 때의 기분과 완연히 다르다. 산 아래로 내려다보는 풍경에 우쭐하면서도 조심스러워진다. 그러고 보면 육신이 놓인 자리에 따라 마음의 자리도 달라진다.

두세 달 후면, 산은 한바탕 연둣빛 잔치를 치른다. 한 촉의 새싹이 그냥 돋으며 한 치 길이의 줄긴들 그냥 뻗을까. 누군가 줄기가 오르는 것을 순례자의 지팡이라 하고, 꽃이 피는 것을 피를 토한 고통이라 했다. 녹색의 축제는 그저 얻어지지 않는다. 군중 속에서 외로움을 느끼듯 식물에게도 홀로 감내해야 할 무거운 짐이 있기 마련이다. 한겨울을 견뎌낸 식물일수록 꽃이 아름답고 인동초가 존귀한 이유도 그 때문이다. 사람들이 꽃에게 축제를 베푸는 까닭도 시련을 겪은 초목에게서 고독과 인내를 얻기 위함일 것이다.

잎보다 먼저 피는 꽃은 홀로서기의 표본이다. 내게 꽃말을 붙여 보라면 목련꽃은 눈보다 흰 인내라고 말하고 싶다. 여인의 소복 같은 꽃망울을 먼저 터뜨리는 걸 보면 그렇다. 인생에도 목련처럼 견인의 삶이 있다. 누군가의 보호를 마다하고 홀연히 피어나는 인생이 있어 겨울을 보낼 수 있다. 움을 틔우는 것, 꽃을 피우는 것, 잎이 물드는 것, 낙엽 지는 것, 그리고 벗은 몸으로 겨울바람을 마주하는 것은 나무만의 삶이 아니라 모두의 삶이다. 제자리에 선 나목이 보여주는 아픔이 있어 사람도 살아나구나 싶다. 그만큼 내 삶의 무게가 가벼워 보이기만 한다.

기다리면 봄이 온다. 이왕이면 겨울 동안 벗은 나무를 위하여 봄이 조금 더 빨리 발걸음을 해주면 싶다. 그러면 움츠린 내 가슴도 일찍 펼 수 있으리라.

그것이 깊어가는 겨울에 꾸고 싶은 녹색 꿈이다.

말발

말은 사람의 생명과 함께 살고 죽는다. 태어날 때 시작한 첫울음은 임종의 유언으로 마무리된다. 이토록 요긴하기 이를 데 없는 말인데도 귀에 와 닿는 말을 차려내기는 잔칫상만큼 차리기 어렵다. 잘 대접받기는 더더욱 힘들다. 어쩜 세상에서 가장 차리기 어려운 판이 말잔치일지도 모르겠다.

말에는 손발이 없다. 그래도 말이 일으키는 조화는 단숨에 천 리를 달리며 역병보다 빨리 퍼져간다. 바람보다 방향을 잡기도 어렵다. 매스컴이 발달하고 인터넷이 생기면서 아예 우주선의 분사기가 달린 셈이랄까. 발 없는 말이 십 리를 간다고 하였지만 이제는 발이 없어 만 리를 간다고 해야 할 것 같다. 게다가 심통을 부리는 말은 사람의 가슴에 파도를 일으키다 못해 지울 수 없는 상처를 남기기도 한다. 그런 말에는 악기惡氣가 있기 때문이다.

말이 지닌 기운을 말발이라 부른다. 발은 햇살처럼 곧게 내뻗친 것이다. 획을 제대로 그으려면 손놀림이 곧게 내뻗쳐야 하듯이, 좋은 말이 되려면 단순한 소리만으로는 부족하다. 올곧은 서기瑞氣로 감겨야 한다.

말발을 세우려고 허세를 부리는 경우를 종종 본다. 속이 빈 허세는 바람 든 무처럼 부실한데 세상에는 이상하게도 그럴듯한 궤변이 위세를 부리는 경우가 적지 않다. 앞뒤를 가리지 못하는 성깔을 부리다가 잔칫상의 꼴뚜기가 되기도 하는데 궁지에 몰릴수록 염치없이 뻗대고 수다를 재치로 착각하고 자갈밭에 뒹구는 빈 깡통 같은 말을 굴리기가 예사다. 아예 말잔치를 자신의 독무대로 착각하는 광경을 심심찮게 보게 된다. 이런 경우에 대처할 수 있는 약발이 있으면 세상은 얼마나 조용해질까.

어디에 가든 말솜씨를 뽐내는 사람이 한 명쯤 꼭 끼어든다. 자칭 언변의 달인들이다. 그들은 제 말이 일순간이라도 가로채이면 연신 눈알을 굴리며 상체를 들썩이는데, 말이 많으면 앞뒤가 어긋나기 마련이라 요리조리 메우다 못해 자신마저 미덥지 않아 몇 번이고 되새김하게 된다. 한번은 입술에 세제 거품이 번져날 정도로 자신의 주장을 잔뜩 늘어놓는 가련한 광경을 본 적이 있다. 세 치 혀와 두 입술이 펼쳐내는 모양이 싸구려 재능이지만 진기명기 열전에 추천이라도 하고픈 심정이 들었다. 사실은 청산유수가 아니라 탁류분방濁流糞放일 터. 말주변 없는 나의 궁색한 변명이라 하여도 어쩔 수 없다.

발성은 허파에서 시작한다. 허파에 모인 공기가 성대에서 목젖, 목구멍, 혀, 입천장으로 올라오면서 수만 가지 말을 만들어낸다. 그런데 고저장단은 입 안의 조음점에서 정해지지만 말의 기운이 생성되는 곳은 생명을 유지해주는 산소가 저장된 허파이다. 이것은 말의 참된 힘은 입이 아니라 마음에 있다는 뜻이다. 조물주의 의도가 참으로 신묘하다고 할 것이다.

내가 알고 지내는 친구 중에 멋진 사람이 있다. 언변이 구수하지 않고 달변이랄 것도 없는데 친구들은 그와 이야기하기를 좋아한다. 한방 터트리고 싶은 기쁨이든, 말 못할 속사정이든, 그 친구 앞에서는 감추지 않는다. 서너 마디의 말로 맺힌 매듭을 풀어줄 뿐, 조용히 귀담아듣는 몸가짐이 성악가의 목소리에 공명하는 악기 같아 그의 곁에 있는 것만으로도 즐겁다. 그의 말추렴은 소박하고, 분별 있고, 믿음이 있고, 깊이가 있어 생색을 내는 말부조가 아님을 대번 알게 된다.

말은 헤프지 않아야 좋다고 한다. 그렇지 못한 말은 희롱이거나 장난일 뿐이다. 진정 말발 있는 사람은 말 펀치를 함부로 휘두르지 않고 말뻼과 말치레에 빠져들지 않는다. 겉치레보다 정성 어린 마음 씀씀이로 차려진 음식이 손님을 더욱 기쁘게 하듯 말발에 정성을 기울이는 사람이라야 말벗이라고 부를 수 있다.

그러면서도 말발은 가을 첫추위에도 굴하지 않는 서릿발이어야 한다. 이슬처럼 냉하지 않고, 얼음처럼 꽁하지 않으며, 눈발처럼 변덕스럽지도 아니하고 빗물처럼 후물거리지 않아야 한다. 밟혀 꺾일지언정 불의에 촌철살인의 침을 박아야 한다. 말의 뼈는 진실을 꿰뚫어 막힌 기를 흐르게 하고, 굳어버린 근육을 풀어내는 침일 것이다. 기교보다는 논리의 말뼈로 상대의 무지를 깨우쳐야 하는 까닭이 여기에 있다.

할 수만 있다면 핏발을 세우지도 않으면서 끗발을 지켜내야 참된 말발이라 하겠다. 남이 무어라 하든 말씨름에 휩쓸리지 않고 아무리 유혹하여도 말잔치의 식객이 되기를 거부하여야 참된 말꾼이 된다. 말판에서 끗발은 다변의 패가 아니라 상대의 얕은수를 읽어내는 안목이라고 하겠다. 곁눈질이나 눈치도 아니다. 삶이 여물어 낸 지혜가 승부를 가늠하는 진정한 척도일 것이다.

말발은 마음의 밭에서 거두어야 한다. 식물에 비하면 줏대 없이 세류에 휩쓸리는 낙엽이 아니라 침묵의 흙덩이를 제치고 솟는 위트 같은 촉이다. 물이라면 웅덩이에 고인 탁수보다는 대지를 축이면서도 쉼 없이 흘러내리는 맑은 시내이기도 하다. 음식에 비긴다면 살얼음을 밟는 소리를 내며 잘근잘근 씹히는 속배추에 가깝다. 허장성세나 교언영색은 기름기만 잔뜩 낀 비곗살에 불과하다. 단맛에 절은 혀끝이 말발을 제대로 음미하지 못하는 이유는 말은 삼키는 것도 뱉는 것도 아닌 마음으로 녹여내는 정精이기 때문이다.

무엇보다 말발은 위세를 보여주는 깃발이 아니다. 말머리를 돌리고 말꼬리를 감추는 재주만으로는 주인도 빈객도 될 수 없다. 그런데도 말발 아닌 말발에, 글발 아닌 글발로 뻐기려는 사람이 적지가 않다. 그런 사람에게는 차라리 술발 있는 누군가가 대작해주는 것도 나쁘지 않을 게다.

산속에서

푸른 물이 떨어질 듯한 나무 밑에 서니 산 냄새가 한결 짙어진다. 극성을 부리는 매미도 제 한철이 아쉬운지 늦여름을 가리지 않고 쉬지 않고 쫀다. 녹음과 음향이 함께 넘쳐 나는 산속이다. 한평생을 살아도 이렇다 할 흔적을 남기기가 어려운 법인데, 이곳에서는 모든 것이 제 역할을 잊지 않는다. 그런 까닭인지 산속에는 볼 것도 생각할 것도 많다.

별다른 이유도 없이 무엇이든 지켜본다. 떨어져 썩어 가는 나뭇잎도 하찮게 여기지 못한다. 그것은 발걸음을 푹신하게 만들어주는 방석과 같은 것이다. 나무줄기 뒤로 더듬이를 미처 숨기지 못한 풍뎅이가 보이면 웃을 것이고, 떨어져 쌓인 솔잎 사이로 오가는 불개미의 행렬도

반길 참이다. 계곡 웅덩이에서 한기도 마다하고 노닥거리는 송사리마저 내 모습의 일부라 하여도 고개를 끄덕거리게 될 게다.

꼼지락거리고 뒤척이고 수런거리는 그들에 의하여 닫힌 내 눈과 귀가 열린다. 그러므로 산에서 잠을 자고 깨어나는 그들이 숲의 진정한 주인이다. 그런 이야기꾼과의 만남이 어찌 아니 반가운가.

한 달이 넘도록 산으로 나서던 아침 나들이를 중지했다. 마음을 가라앉히려는 새벽 산책이었지만 앞서 걷는 산행인의 발밑에서 일어나는 먼지가 잡념만 피워 올리는 기분이 들어서다. 걱정과 근심이란 날개를 단 하루살이처럼 마냥 부산스러운 것이 아닌가. 산속 먼지가 세속의 티끌과 다름없다면 산이라고 말하기가 어렵다.

마침내 여름이면 꼭 끼어들던 한철 가뭄이 해갈되었다. 다시 산으로 오른다. 눅진하기보다 푸근한 습기가 골마다 가득 찼다. 물빛과 물소리를 떨치지 못하는 내겐 오락가락하는 비가 성가실 까닭이 없다. 아침 시간도 넉넉하던 터라 모처럼 찾은 골짜기를 따라 더 깊이 들어선 것이다.

숲에는 산의 고요가 잠겨 있다. 옅은 안개만이 산줄기를 타고 오른다. 어디선가 물이 흐르는 소리가 들린다. 수차례나 이곳까지 다가와도 알아차리지 못한 소리에 끌려 자신도 모르게 그곳을 향하여 걸음을 옮긴다. 오솔길에는 수년 동안 묵은 낙엽들이 서로의 몸을 포갠 채 잠들어 있고, 거미줄이 금단의 성역인 양 곳곳에서 길을 가로막는다. 낯선 이방인이 출현하여도 들뜬 기색이 없는 곳. 이곳은 여름의 오지奧

地다.

짐작한 대로 계곡이 나타난다. 산의 동맥이다. 식물과 동물이 살아가고, 산이 푸른 기운을 뻗치는 이유를 비로소 알 것 같다. 크고 작은 소가 연이어 늘어선 계곡에 잠시 앉아 물이 더 차올라도 좋을 여백이 한가롭게 지켜본다. 순간, 무엇인가 목덜미를 두드린다.

투우 툭.

후드득.

꿩이 숲에서 날아가는 듯한 여음이다. 아침나절 동안 멈추었던 비가 다시 내린다. 손바닥을 벌리자 성긴 빗방울이 토닥거리며 튀어 오른다. 아무리 오므려도 빗방울을 가둘 수가 없다. 하늘에서 내려오는 정기를 어찌 내 작은 손으로 막을 수 있다는 말인가. 사방으로 흩어지는 물방울의 반란을 지켜보면서 물의 순리를 깨치지 못한 우매함을 한참동안 곱씹어 본다.

반 시간 가량이 지났을까. 빗물이 계곡으로 모여드는 낌새가 완연하다. 나뭇가지를 타고 내린 물줄기가 보이지 않는 골로 모였다가 다시 더 깊고 큰 계곡으로 모여드는 모양이다. 여러 갈래로 나뉘어졌던 물줄기가 굵어지면서 유수 사이에 놓인 바윗돌이 조금씩 잠겨 간다. 빗방울이 바위마저 굴복시키는 형세다. 한 곳이 변하면 다른 곳도 달라지고, 하나가 변하면 다른 것도 변하는 것이 자연의 순리다. 그 가운데서도 변하지 않는 이치가 있다면 물의 흐름이다. 물은 아래로 흐른다. 아래로 흘러갈수록 물의 양이 풍부해진다. 성숙의 도리일 것이다.

세상사도 마찬가지다. 권세가 높거나 부를 이루면 많은 사람이 우러르고 찬사를 보내는 척한다. 하지만, 추종자들이 탐내는 것은 인간으로서의 됨됨이가 아니라, 그들이 소유한 부와 권세일 따름이다. 반면, 스스로 낮출수록 사람들이 그의 곁으로 모여든다. 작은 물줄기가 큰 물줄기에 합수하는 것과 같다. 낮을수록 두터워지는 물의 흐름을 지켜보면서 물의 성질과 판이한 세상 형편을 생각해 본다.

다가오는 주말에는 더 깊은 산으로 가 볼 참이다. 물론 산을 찾고 계곡에 몸을 담근들 물의 순리를 쉬 배울 것 같지 않다. 그래도 골바람으로 땀이 식고, 물소리로 지친 기운이 돋아나기를 바란다. 산의 너그러움을 조금이라도 받으면 그 기쁨은 적지 않다. 아직도 남아있을 감이라도 딸 수 있으면 더욱 기쁘겠다. 그러면 산의 세심한 배려를 친구들에게 이야기하며 나는 기꺼이 산의 하인이 될 것이다.

어느덧 바다보다 산을 즐기는 나이가 되었다. 못난 마음은 여전히 까탈만 부리고, 신문에 펼쳐진 세상사도 불평거리로만 읽혀진다. 꼬투리만 잡으려는 못난 눈과 귀를 다독거리려고 아침마다 어쭙잖게 입산을 한다. 그런 만큼 잡목에서 날아오르는 풍뎅이든 물속을 헤매는 치어든 내게는 존귀한 스승이다. 그 모습을 대한다면 어찌 사람의 가슴에 잠긴 이야기에 귀를 기울일 수 없을런가.

쪽물 하늘

하늘이 좋아지는 때는 역시 찬 바람이 솔솔 불어오는 가을부터다. 풀벌레 소리가 조금씩 높아지는 야외에서 우러러보는 하늘, 어디서든 눈길이 닿도록 넉넉하게 펼쳐진 그곳은 가슴을 열기에 그만이다. 흐리지도, 어둡지도 않은 하늘 밑에서는 묵은 추상秋想의 주머니가 쉽게 펼쳐지기도 한다.

하늘이 수평선에 닿은 암벽 바닥에 누워본다. 사람들은 나이를 먹게 되면 지금까지 하지 않던 행동을 생뚱스럽게 취하는데 내 변화는 바닥에 눕고 싶다는 것이다. 보송보송한 풀밭으로 들어서면 마냥 등을 대고 싶고, 계곡에 놓인 넓적한 바위를 만나면 내 몸에 알맞을 고인돌 덮개를 떠올린다. 하다못해 신문도 누워서 보면 한결 편하다. 그럴 때면 기력이 떨어졌다는 예감으로 서글퍼지기도 하지만, 이제는 땅으로라는 순명順命에 따르고 싶어서라고 중얼거린다. 하늘을 가까이하기가 두렵다는 의미일지도 모르겠다.

등 밑에 깔린 청석 바위에서 전해오는 냉기가 옥돌 침대처럼 청량스럽다. 이곳에서는 모든 것이 부풀어 오른다. 암벽에 깨어지는 파도소리는 높아지고 무성한 풀 사이에서 울어대는 풀벌레 소리도 귀에 꽉 찬다. 웃고 싶어도 큰 소리를 감히 낼 수 없다. 풀벌레, 바람, 파도의 소리가 끊어질까 두려운 탓이리라. 무엇보다 누워서 바라보는 하늘은 견딜 수 없을 만큼 투명하다.

요즈음 사람을 만나면 눈을 쳐다보는 버릇이 생겼다. 어떤 때는 상대가 당황할 정도로 주시하는데 속마음을 떠보기 위해서가 아니라 그 눈동자가 돋우어내는 분위기를 좋아하기 때문이다. 전철을 타든, 버스를 타든, 백화점의 에스컬레이터를 오를 때도 맑다 싶은 시선을 잠시나마 좇으려 한다. 지천명을 넘긴 여인들의 눈은 더없이 마음에 든다. 간혹 그곳에서 가을 하늘을 닮은 마음을 만나기 때문이다. 그러한 눈빛도 가을 하늘만큼이나 깊을 것이다.

엉뚱한 생각이겠지만 하늘이 거치는 사계의 끝은 가을이라고 여길 때가 있다. 겨울의 혹독한 시련과 봄의 가벼운 유혹과 여름의 농익은 열정을 모두 삭힌 후, 기적 소리같은 여운을 풍기는 연륜을 가을 하늘에서 상상하기 때문이다.

어쩌다 참으로 투명한 눈동자를 만날 때가 있다. 윤동주는 〈소년〉이라는 시에서 "가만히 하늘을 들여다보면 눈썹에 파란 물감이 든다."고 했지만 그 순간을 당하면 내 가슴은 속까지 파랗게 물들어 버릴 게다. 정말이지, 쌉쌀한 눈빛을 대할 때면 그 앞에 몸을 낮추어서라도 한동안 지켜보고 싶다. 뚝, 짙은 청색 물감이 내 가슴팍에 떨어질 때는 더욱 그렇다.

내가 알고 지내는 분 중에 그런 분이 있다. 어쩌다가 그 눈을 쳐다보면 안개로 반쯤 가려진 가로등이나 함박눈이 내리는 골목에 외로이 서 있는 가로등을 보는 것 같다. 그때는 내 가슴과 두 눈이 촉촉해진다. 달빛이 시리도록 맑은 밤에 그림자를 숨기려고 담벼락으로 바싹 다가서듯 그 빛의 가장자리를 맴도는 심정을 무어라 말하기가 어렵다. 좀처럼 지워지지 않는 추억의 한 자락에 다시 묶여 버렸거나, 지금처럼 창백한 하늘빛이 바다에만 떨어지는 쓸쓸함을 예감한다. 이처럼 잠잠하고 여린 청록의 눈을 볼 때마다 적막한 길목에 선 내 모습을 사이버화하는 것이다. 그때야말로 아직도 하늘을 더 배워야 한다는 사실을 반추하면서도 찌릿한 고독감에 고개를 돌리게 된다.

때로는 나이 먹은 눈 가장자리에 드러난 색조를 음미할 때도 있다. 그 나이에도 눈물이 마르지 않은 감성에 감탄하면서 삶의 뱃전에 새겨진 상처를 눈여겨본다. 숱한 사람들이 오르내리며 남긴 발자국과, 그들을 실은 배를 띄우기 위해 삐꺽거렸던 노가 남긴 흔적과, 부딪치는 물살에 조금씩 닳아온 뱃머리 자국, 그리고 세월의 바람과 물살을 보여주는 숨겨둔 몇 편의 시. 그것이 세월의 진정한 흔적이라고 생각하면 쓸쓸해진 내 마음이 오히려 부끄러워지는 것이다.

이전에도 그랬겠지만 누워서 바라보면 지금은 왜 주변의 사물이 커지는지 궁금해진다. 그냥 느껴도 되지만 이유를 캐묻고 싶은 것이 나이와 더불어 달라진 습성이지 싶다. 주변의 물상이 커지는 변화와 달리 나는 작아진다. 뭐랄까, 어둠이 짙어질수록 바위에 붙은 따개비처럼 느껴지는데 그 눈을 볼 때도 마찬가지다. 눕든, 마주 서 있든, 하늘이든, 사람이든, 서로 간의 거리에는 아무런 차이가 없을 텐데, 낮춘 몸이 그렇게 생각하도록 하는가 보다.

사람들은 왜 오르려고만 하는지 알 수 없다. 용마루를 높이거나, 박공 위에 뾰족탑을 세우고, 하다못해 산에 올라 조금이라도 하늘과 가까이하려 한다. 높은 건물이나 산 위에 올라서도 정작 바라보는 곳은 하늘이 아니라 땅이기 마련이다. 남보다 높다는 오만과 더 높은 곳을 차지했다는 탐욕이 시력을 흐리게 만드는 탓은 아닐까.

땅에 묻힐 때까지 어디서든 하늘을 볼 수 있다는 사실은 축복이다. 머리 위에 떠 있고, 아이의 눈과 꽃 속에 숨어 있고, 중년을 넘긴 눈에도 담겨 있고, 그래서 가을 하늘 같은 마음은 내겐 더없는 기쁨을 준다. 아무 무게도 느끼지 못하는 자신이 오히려 두려울 뿐.

가을밤 하늘 한쪽에 열이레 달이 다시 나타난다. 그러고 보니 누워서 쳐다보고 싶은 것은 쪽빛 하늘의 달 같은 눈이다. 그 달은 쪽물이 배인 삶을 저어온 사람의 눈빛이다. 그런 사람이 어디엔가 있다면 하늘과 달이 구름으로 가려진들 무슨 큰일일까. 어두우면 어두운 대로 나머지 세월을 밟아갈 것이다.

오늘 밤 가을 하늘이 쪽빛 물결로 넌출거린다.

바다를 위한 경배

시작이 있었던 곳, 아득한 옛날에 하늘이 처음 열렸을 때 만물을 일으킨 첫 생명체가 담겨져 있었던 곳. 그래서 모든 생명체는 그것으로 자궁으로 빨려 가는 그리움으로 바다로 되돌아간다.

소년은 갯바람이 없는 내륙의 소읍에서 태어났다. 그러나 매일 그 애는 계곡의 차가운 물을 손바닥으로 퍼 올리면서 바다가 하늘처럼 푸를까를 상상했다. 흰 뭉게구름 위로 갈매기가 나는 여름방학책의 표지를 펼칠 때 소년은 언젠가는 짙푸른 태평양 해변을 걸으리라 꿈꾸었다. 그 삶이 자신도 어찌할 수 없는 운명이기를 소망하는 동안 항구도시에 인생의 짐을 풀게 되었다.

그 소년은 어른이 되면서 바다를 가까이한 것이다. 그건 바닷물이 정말 짜다는 사실만큼 사실이다. 초등학교 시절의 희망이 인생의 현실로 결정되었을 때 무엇이 그곳으로 인도하였는지가 흰머리를 얹어도 궁금하다. 우연일까, 신의 섭리일까, 아니면 열심히 살아온 결실일까. 아니면 핏속에 흐르고 있는 유전자가 튀어나온 때문인가. 이렇듯 바다 알기를 거듭하는 동안 그는 바다를 닮아 간다. 이름처럼, 아명兒名처럼 가까워진 바다를 지켜보면서, 바다를 사랑하는 사람들을 만나면서 바다와 인간을 엮는 작업이 자신의 해야 할 일의 일부임을 어렴풋이 의식한다.

사람이 바다를 가까이하는 방법에는 세 가지가 있다. 먼저 바다를 유희의 대상으로 삼는 경우이다. 자맥질, 수영, 다이빙을 하거나 윈드서핑이나 요트를 타는 유희를 행하는 것이다. 바닷물에 몸을 담그는 데는 바다를 넘보려는 의도가 깔려 있다. 바다를 휘저어 보려는 천박한 오만성도 숨어 있다. 어찌 그들에게서 바다의 넉넉한 가슴을 이해할 만한 겸손을 기대할 수 있는가. 그런 까닭에 그들과 이야기하지 않는다.

다음으로 바다를 사색의 대상으로 바라보는 경우이다. 이런 바다는 그리움과 미적 형상화의 소재로 변한다. 신체적 접촉과 달리 붓과 펜과 화필을 통해 구상화되는 바다는 품위가 있고 우아한 자태를 지닌다. 하지만 어딘가 빈틈이 있기 마련이다. 바다를 정신적 해방의 수단으로 삼으려는 예술이 그렇다. 그런 까닭에 그들과 자리를 같이하지만 바다 속으로 함께 들어갈 수는 없다.

마지막의 경우는 바다를 생활의 반려자로 삼는 일이다. 그들은 바다가 품은 생명을 노동으로 받아들이려 한다. 한줄기 가느다란 해초조차, 그물에 끌려오는 한 마리 물고기조차 생명 그 자체로 인식한다. 개펄에 숨은 조개일망정, 깊은 바다 밑을 유영하는 고래인들 바다의 혼을 옮겨 내는 전령사가 아닌가.

그러나 염전이 사라지고 조개를 캐던 갯벌이 조금씩 좁아진다. 바다에게 간절히 호소하던 해신굿이 사라진다. 바다의 숨소리로 잠이 들던 아기들의 숫자도 줄어든다. 왜 바다가 자신들의 목숨을 원하는지를 묻지 않으며 어선을 타는 어부들의 모습도 드물어진다. 그들만이 바다의 가슴을 열어 줄 수 있건만.

그들의 조상이 그랬듯이 젊은 그들은 오늘도 바다 밑으로 가라앉는다. 그들의 태가 파도 밑으로 잠기고 그들의 육신이 탄 재가 바닥에 가라앉는다. 그들의 영육은 바다에서 안식을 취할 때 바다는 비로소 인간과의 사랑과 미움을 노래한다. 그런 까닭에 그들만이 바다로부터 초대받은 손님이다. 바다에 의해 뽑힌 선민들이다. 이것이 바다가 스스로 존재하려는 이유이다.

나는 바다를 지켜보기 위해 종종 산길을 오른다. 내가 가는 길이 해변길이 아니라 산길임을 어찌 설명해야 할까. 염분이 밴 해국만이 나의 마음을 알아줄 것 같다. 천천히 하늘과 맞닿은 수평선을 쳐다본다. 그럴 때면 바닷물이 더욱 울렁거린다. 수평선 가까이 자리 잡은 거선이 천천히 움직이고 절벽 밑 파도가 흰 생채기를 머리에 얹고 있다. 내 속에서도 파도 소리가 마침내 난다.

나의 시선이 이제 바다에 묶여 있다. 그러나 내 귀는 아직 바다를 향해 열려 있지 못하다. 언제쯤이면 선원의 목소리를, 물질하는 해녀의 휘파람 소리를, 밤바다의 희디흰 소리를 들을 수 있을까. 이제는 바다보다는 바다를 목숨 줄로 여긴 그들의 소리를 찾고 싶다.

그들만이 바다의 시와 산문을 마무리할 수 있다.

돌탑 동기

부산 중심지에 자리한 금련산에 작달막한 돌 봉우리들이 솟았다. 여름 뙤약볕의 열기를 받은 그들이 생겨난 과정이 예사롭지 않다. 세 번의 여름이 지나면서 초로의 부부들이 쌓아올린 돌탑들이다.

금련산에는 아스팔트 큰 길이 산정으로 나 있다. 그 길과 나란히 뻗은 언덕에는 햇살을 가릴만한 나무가 없고 바닥은 울퉁불퉁해서 발걸음이 편치 않은 오솔길이 있다. 마른 풀들만 버티고 가뭄이 심한 여름에는 유난스레 먼지가 쌓인다. 마치 좋은 시절과 힘들 시절을 대비해주는 듯하여 요즘 종종 그 길을 따라 걷는다.

어느 해 여름, 우연찮게 그 길을 택해 산을 올랐다. 도중에 꾀죄죄한 차림의 노부부와 마주쳤다. 그들은 주변을 아랑곳하지 않고 돌무더기에서 돌을 골라 탑을 쌓고 있었다. 돌조차 덤프차로 실어온 것이 아니라 어디선가 등짐으로 지고 온 것이었다. 큰 돌을 망치로 깨어 탑을 쌓고 있는 얼굴에는 먼지 낀 땀방울이 연신 흘러내렸다. 길 양쪽에는 제 모습을 갖춘 이십여 기의 돌탑이 나란히 세워져 있었다. 미처 발견하지 못한 거룩한 풍경이었다.

막돌탑이었다. 솜씨 좋은 석공이라면 징과 끌로 돌을 깎아 반듯하게 석탑을 세우련만 그들이 쌓은 막탑은 어설프기 이를 데 없었다. '막'이라는 말은 막 쓰인다. 막놀다, 막되다 하면 앞뒤 가리지 않고 저지르는 짓을 말한다. 막된놈이라면 아비 없는 자식쯤에 해당된다. 막장인생이라면 끝이다. 하지만 '막'이라는 말이 무엇을 만드는데 사용되면 뜻이 달라진다. '막'이 '잘'로 바뀐다. 막걸리는 운치가 느껴질 정도로 잘 삭힌 서민 술이고 막사발은 잘 빚어낸 소박한 사발이 된다. 막돌탑이라면 우직하게 손으로만 쌓아 올린 탑이 아닐까 짐작된다.

다음 해 여름이 끝나갈 무렵이었다. 마침내 육십 기의 돌탑이 일렬횡대로 장엄하게 서게 되었다. 염천에도 꿈쩍하지 않는 돌탑, 막돌탑이다. 막돌 무더기가 어느새 기하학적인 좌우대칭 곡선은 아니지만 지켜볼수록 넉넉한 탑 무리를 이루었다. 기단과 기석의 구분이 없고 옥개석과 면석도 없지만 석기 항아리처럼 안온하고 너그럽다.

부산에는 대구에서 졸업한 동기들의 모임이 있다. 소위 K중고등 51기 동문회다. 70년도에 졸업한 우리들은 입학기수와 출생년도가 같다. 타향에서 살다보니 마냥 그리운 말이 동同이다. 동향, 동기, 동문, 동갑…. 영남권이라 비슷한 점이 많아 편안한 듯하지만 동상이몽이라는 말처럼 명문고 사이에는 은근히 경쟁심리가 작용한다. 아무튼 한두 명씩 부산에서 직장을 구하고 집터를 잡으면서 모임이 이루어졌다.

기억을 되살리면 서른셋쯤이었을까. 부산에 내려와 몇 년 동안 적적하게 있을 때 대구를 오르내리는 기차 칸에서 정정기 동문을 만났다. 그때의 감격, 그 후 처음 나간 환영회가 내게 준 격려를 잊지 못한다. 중고등학교 동기회의 특징은 직업이 다양하다는 것이다. 그때 선참 동기들인 JAL에 다니던 L, 선장 K, 병원장 K와 L, 대학교에 적을 둔 S와 H, 교직에 있던 K…. 지금도 부산에 살지만 병원장을 빼고는 모두 은퇴를 했다.

인생 탑 쌓기란 게 별거 아니다. 장가가고 자식 낳고 애들 학교 보내고 큰 애들 결혼시키는 거다. 집 사고 승진하고 사람 많이 아는 거다. 걱정거리는 한숨으로 채우고 안 될 일은 체념으로 물막이하고 물러설 일은 다음을 기약하는 거다. 부모 보내고, 형제 보내고, 직장동료도 보내는 거다. 종종 동기를 앞세우기도 한다. 그럴 때마다 무명탑도 견디는데 하며 사는 거다. 나름의 돌탑을 세우는 거다.

그런 생각이 들 때마다 K고 51동문이 자랑스럽다. 보릿고개에, 6 · 25 시절에 흙수저조차 물지 못하고 막 태어났지만 한여름 뙤약볕을 견디는 탑처럼, 한겨울에도 얼지 않는 계곡수처럼, 면면히 살아왔다. 수천만 번 손을 뻗고, 수억 발걸음 내디디며 나이 먹는 게 만만한 게 아니다.

잠시 머물다 타지로 간 친구가 생각날 때면, 먼저 세상을 하직한 친구를 떠올릴 때면, 부산 땅에 내린 뿌리가 자랑스럽고 대견하다.

동문회 활동도 부침浮沈이 있기 마련이다. 한때는 정치적 배경에 힘입어 잘 나가던 때가 있었다. 오래전에는 부산 지역의 의사와 교수 중 상당수가 K중고 출신이었지만 모교 출신 전입이 적어지면서 예전만 못해졌다. 그런데도 51회의 동기들의 모임은 이어져 다른 동문들의 부러움을 받고 있다. 나 뺀 동기들의 헌신 덕분이라 여긴다.

돌은 땅바닥에서 뒹군다. 막돌은 발길에 이리저리 차인다. 그 돌이 모여 어깨높이로 쌓이면 누구도 생각하지 못한 위용을 갖는다. 돌멩이가 하찮다 말할 수 없다. 경박한 사람이 그들을 가볍게 다룰 따름이다. 막돌도 제 자리에 끼워지면 탑돌이 된다.

요즈음에 한 달에 한 번씩 만난다. 매달 연락은 오는데 오래전부터 참석하지 못했다. 야간 강의, 수필 강좌, 각종 행사가 겹치면서 불참이 빈번해져 버렸다. 여주인들께서 극성인데 내 불참을 심히 탓할 것이다. 고교 때 활동한 문학 서클이 〈돌탑〉이었는데 막상 문학 때문에 소홀히 한 것이 동문모임이다. 그중의 하나가 51K 동문이다.

탑이란 세월을 먹을수록 빛이 난다. 열서너 탑이 모인 탑골에서 지금 수런대는 이야기는 건강 걱정, 자식 걱정, 나라 걱정일 것이다. 그런 이야깃감도 준비하고 막돌처럼 태어나 돌탑을 이룬 우리네 시절도 보태려 한다. 그래도 노래는 여전히 "팔공은 북녘에 가로 놓이고…." 일 것이다.

2.

모든 게

모든 게 '그랬다.'

지금은 아니지만 그때는 그랬다. 그랬으므로 나는 지금 더욱 아프게 기억한다. 그때의 그것에 "그랬다"는 말을 붙일 때마다 괜히 어깨 힘이 빠진다. 눈을 감고 싶고 말은 더더욱 하기 싫다. 담벼락에 드리운 나무의 그림자를 맹하니 쳐다보는 노견老犬처럼 그냥 스르르 잠이 들고 싶다. 그 모든 것이 달콤한 무기력을 만들어낸다.

마을 어귀에서 일자一字 초가집으로 건너가는 개울은 유난히 깊었다. 딛기만 하여도 발바닥에서 피가 흘러내릴 정도로 물밑 청석 바닥은 날카로웠다. 개울을 끼고 쌓아 올린 축대는 성벽처럼 가파르고 높았다. 왼쪽으로 굽이 튼 길은 개울을 끼고 있어 세찬 바람이 불면 몸이

물에 풍덩 떨어질 법했다. 길모퉁이에는 대문이 필요 없는 나지막한 초가집이 자리하고 있었다. 마당 앞에는 작은 우물이 있고 대숲이 울타리를 치고 있었다. 흔히 대숲은 집 뒤에 있건만 그 집은 방문을 열면 댓잎 소리가 앞에서 났다. 강물 따라 흐르는 바람마저 잠시 쉬어가기에 더없이 좋은 집터였다.

그곳은 작은 마실의 첫 번째 집이었다. 명색이 배산임수일 뿐 고만고만한 대여섯 호의 집들이 서로 머리를 맞대야 할 정도로 동네 터가 좁았다. 게다가 산으로 오르는 길을 끊어 먹듯 기찻길이 마실 뒤에 뻗어있었다. 기찻길 밑에는 계곡물이 흐르도록 조그만 수로가 뚫려 있어 여름철이면 시원한 놀이터가 되었다. 땅 위에서는 증기 기차가 기적을 울리며 나타났다 사라지곤 했다. 기차가 달려간 후에는 매캐한 석탄 냄새가 마을을 덮었다. 그 냄새는 초콜릿만큼 달싹하여 동네 아이들은 다리가 빠지도록 기차 뒤를 쫓았다. 그땐 동네 개도 신바람을 냈다. 기차는 동네에서 가장 큰 목소리로 아이를 호령하면서도 마냥 다정한 친구였다.

봄 산에 피는 진달래 꽃잎도 좋았다. 여름철 산을 덮는 칡넝쿨 잎이 푸근하였고 칡뿌리는 흥건한 물기로 아이들의 입을 부풀게 했다. 산꼭대기에 자리한 산사로 오르는 길은 황톳빛 외줄기였다.

개천의 물빛과 대숲과 우물 빛이 푸르렀다. 산에 울창한 소나무는 더욱 푸르렀다. 그땐 나무의 초록빛과 하늘빛이 모두 푸르다고 말했다. 색과 빛을 별나게 구별할 필요가 없었다. 그냥 빨갛고 노랗고 푸르고 희고 검었다. 난 그때의 다섯 가지 색에 익숙하여 지금도 색깔을 세세하게 나누는 게 서툴다. 그냥 모두가 좋은 색이구나 하고 여겼다.

그땐 더더욱 그랬다.

마실은 온통 감나무 천지였다. 들판 주위에는 감나무들이 보초병마냥 곳곳에 서 있었다. 축담 곁, 기다란 기찻길 옆, 산길과 강둑에도 온통 감나무였다. 감밭에 집이 들어서고 사람이 끼어 사는 꼴이었다. 가을이면 홍시가 개미 밥이 되었다. 동네 아이들은 땅에 떨어진 달짝지근한 홍시를 주워 먹고 하루 종일 고약한 냄새를 풍겼다. 빨갛게 물든 감잎이 연이어 떨어지면 개천에서 얼음이 얼기 시작했다. 좁은 나무다리를 건너 마실 가는 어른들의 발걸음이 뜸해졌다. 기적 소리가 겨울에는 더욱 우렁찼지만 아이들이 뒤따르지 않아 외롭게 사라졌다. 그 대신에 밤사이에 소리 없이 내린 눈밭이 아이들의 탄성을 자아냈다. 그때면 동네 어른들은 물끄러미 하얀 강변을 하루 종일 바라보았다. 감나무에 얹힌 눈이 강바람에 얼어 눈 과자가 되고 공굴 밑 작은 수로는 썰매 터가 되고 개천 갈대는 씩씩 울대를 높였다. 겨울만큼은 산 중턱 암자, 대원암의 목탁 소리도 잦아들었다.

그땐 정말 그랬다.

이런저런 기억을 하나씩 포개면서 나는 여섯 살이 될 때까지 청도군 유천면 유호 2리 조그만 마실에서 자랐다. 다음 해 초봄, 쌀쌀한 강바람을 맞으며 낡은 트럭에 실려 대구로 이사를 갔다. 개천 앞 큰 동네까지 이삿짐을 져내는 아버지의 얼굴에서는 피난민 같은 표정이 사라지지 않았다. 다행스럽게 그땐 홍시 철이 아니었다. 이상하게도 짐을 져낼 동안 기차는 한 번도 달려오지 않았다. 만일 홍시가 떨어지고 기적이 울렸다면 난 트럭에 타지 않겠다고 한동안 버텼을 것이다. 그렇게 이삿짐은 단출했고 부모는 그 후 단 한 번도 그 마실을 찾지 않았다.

그땐 진짜 그랬고 그랬다.

그 까닭에 난 종종 홀리듯 그곳으로 간다. 여전히 개천에는 발바닥을 베일 정도로 푸른 청석이 깔려 있고 기쁘게도 물길이 아직 시퍼렇게 깊다. 나무다리 대신에 콘크리트 다리가 놓여있지만 경운기가 겨우 지나갈 정도로 폭이 여전히 좁다. 다리가 끝나는 곳에서 왼쪽으로 굽은 길 모양도 다행스럽게 그대로다. 아직도 내 키를 넘는 축담 위로 대숲이 포플러만큼 자라고 있으니 그냥 웃고 싶어진다. 그곳까지 가는 동안 난 언제나 기쁘고 즐겁고 웃음이 난다. 지난번에 그랬으니 다음번에도 그럴 것만 같다.

그런데 말이다, 축담 끝에서부턴 더 이상 신나지 않는다. 아무것도 보이지 않는다. 일자 초가집이, 우물이 있던 마당이 사라졌다. 그곳이 거무튀튀한 거름만을 구석에 쌓은 채 반쯤 버려진 묵정밭이 되어버렸다. 시골 집터 치고 너무 좁다. 주거나 받지도 못할 만큼 그냥 자투리 몹쓸 땅이다.

그나마 고희가 넘었을 감나무 몇 그루가 새로 심은 어린 감나무 사이에서 나를 반긴다. 내 살아있을 동안 그들만이라도 버텨주면 내겐 모든 게 그대로이다.

대구별 오디세이

나는 지금 부산에 산다. 소위 대구를 기점으로 말하면 출향 작가가 된다. 출향인이라면 패배자가 아니면 제구실을 못해 집에서 쫓겨나간 못난 자식을 연상한다. 아무튼 끝까지 버티지 못하고 밀려난 자격지심 탓인지 모르나 지금도 대구 사투리를 들으랍시고 사용한다. 내 글에도 응당 대구의 흔적이 끼어있을 것이다.

일곱 살에 청도 유천에서 남구 봉덕동으로 이사를 왔다. 그리고 23년 가까이 보내고 만 스물아홉 살에 부산으로 옮겼다. 웬만한 대구 사람보다 옛 대구에 대해서는 더 잘 기억할 정도로 학창시절과 청년기를 보낸 셈이다.

초등학교에 다닐 무렵 봉덕동은 허허벌판이었다. 봉덕시장에서 집으로 오는 길은 논둑이었고 우리 가족은 벌판에 오누이마냥 서 있는 낡은 기와집 중에서 뒷집에 살았다. 놀이터는 공동묘지가 고작이었고, 앞산 고산골이 유일한 소풍 터와 주말 전쟁놀이 터였다. 한 번은 보리밥 도시락을 들고 동네 아이들과 앞산 레이더 기지까지 올라갔지만 군인 아저씨에게 잡혀 열나게 신병훈련을 받기도 했다. 만약 내 글에서 봄날 버들강아지가 돋고 진달래가 핀다면 그때의 기억이 남아 있기 때문일 것이다.

초등학교 2학년 무렵 신작로 맞은편 동네에 영화관이 생겼다. 오래전에 사라진 현대극장이다. 어른 뒤를 졸졸 따라가 처음 구경한 영화가 6·25 후의 혼란상을 다룬 〈장마루촌의 이발사〉였다. 미성년자 불가였지만 검표원을 제치고 컴컴한 극장 안으로 들어가면 성공이었다. 그 후 〈유정천리〉, 〈마부〉, 〈미워도 다시 한 번〉, 〈두만강아 잘 있거라〉를 보면서 이루지 못한 어른들의 사랑에 눈물을 흘리고 일본군 기관총에 쓰러지는 독립군의 죽음에 주먹을 쥐었다. 최무룡, 김지미, 김승호, 황해, 허장강의 인간미와 조숙한 사랑에 감염되어 가슴이 떨렸다. 소년기와 사춘기의 감수성도 무럭무럭 자랐다.

여름철 방천 풍경은 후일 문학을 위한 소재가 되었다. 간혹 대구에 가면 방천을 따라 조성된 산책로를 걸으며 소싯적 물놀이를 추억하지만 수성교 밑 가설극장은 지금도 잊지 못한다. 예쁘게 분장하고 무대에 올라선 남녀배우들이 노래와 연극을 할 때면 박수를 쳐댔다. ≪장화홍

련전≫, ≪홍길동전≫, ≪심청전≫이 단골이었는데 토요일마다 책가방을 던지기가 무섭게 그곳으로 달려갔다. 지금 생각하면 잡상인, 야바위꾼, 아이스케키 장수, 고무줄 장수가 끼어있고 싸움도 벌어지는 인간장터였다. 나는 국어에 남다른 소질을 보였는데 그런 곳에서 펼쳐지는 생생한 언어를 빨리 습득했기 때문일 것이다.

고등학교에 입학하면서 신천동 산비탈 동네로 이사를 했다. 풋내기 청년답게 사이비 철인 흉내를 내며 3년 동안 방천 둑을 오갔다. 미공보원에서 "자본론"을 빌려 읽고 학교의 트레이드마크인 똥구두 군화를 신고 다녔고 문예반에서 엉터리 시를 썼다. 버스가 다니지 않는 한적한 둑길은 사색하기에는 안성맞춤이었다. 제방 밑에는 사철 맑은 물이 흐르고 다른 쪽 제방으로는 낮게 내려앉은 초가집이 인생의 고단함을 일깨워 주었다. 3년간의 뙤약볕과 장맛비와 눈발이 나를 키워주었다. 만일 내 글이 서정적이면서 땀 냄새가 난다면 분명 천변보행 덕분이 아닌가 싶다.

대학교에 입학하면서 이번에는 신천동에서 산격동 방향으로 걷게 되었다. 주변 동네는 더 가난하고 우중충했다. 나와 성적이 비슷한 친구들이 서울지역 대학교에 가고 나만 지방에 남겨졌다는 마음이 없지 않았다. 설상가상 학교에 가려면 칠성시장을 거쳐야 했다. 초등학교 때는 봉덕시장, 중학교 때는 대봉시장, 다시 칠성시장이었으니 맹모삼천지교를 거역한 셈이다. 시장골목을 수없이 누볐지만 장사이문에 눈뜨지 못하고 세상을 알지 못하여 지금도 이런저런 속임수를 당한다.

청춘 몸살을 앓을 때마다 나를 위로해준 곳은 딴 곳이었다. 향촌동 막걸리골목이 단골이었지만 교외의 유원지도 마다치 않았다. 패거리 친구들과 어울려 동촌 포플라집, 반야월 과수원, 때로는 동화사 단풍 밑에서 호기롭게 아르바이트로 번 돈을 몽땅 깨서 취기를 즐겼다. 문학도 사랑도 없었지만 보이는 모든 것이 가슴을 아프게 했다. 어느 때는 하양 과수원으로 갔다가 달빛 유혹을 이기지 못하고 남녀학생이 밤늦게 통기타 노래를 부르며 돌아온 적도 있었다. 그냥 열병 환자들이었다. 굳이 보탠다면 학보에 글을 실으면서 글재주가 있다는 말을 듣기는 했다.

그게 다였다. 졸업을 하면서 신천동의 조그만 아파트에 어른용 둥지를 틀었다. 유년기의 천진성과 고교시절의 정의감과, 대학청춘의 낭만이 일시에 바람 빠진 풍선이 되었다. 그게 편하다는 확신으로 학생을 가르쳤지만 자신에 대한 저항이었다. 신천동에서 수성교까지 출퇴근 버스에 시달리면서 잘 가르치는 교사라는 이름을 얻었을지라도 시간을 갉아먹을 따름이었다. 7살에 앞산 꼭대기까지 오른 오기이며, 3년간 방천길을 오간 아집이며, 대학을 입주가정교사로 마친 끈기가 범벅으로 끓어올랐다.

27살이 되던 해 2월 초, 눈이 하얗게 대구 시내를 덮은 날 나는 두 번째 직장이던 학교에 사표를 냈다. 당연히 내일이 불투명한 대학 시간강사로 강등하였다. 그리고 2년 후에 부산으로 내려왔다.

이상하게도 부산에 살면서 문학에 대한 열정이 불타기 시작하였다. 나의 삶과 문학을 키워주고 숙성시켜 준 대구에 대한 향수가 전천후 기름이 되었다. 내가 방천이라는 이름을 사랑하고 삼성을 응원하는 것도 대구가 내 문학의 풀무이기 때문이다.

예스터데이

난 70학번이다. 소위 7080세대의 막형뻘이다. 6 · 25포성을 들으며 세상에 나와 미 구호물자인 강냉이죽으로 주린 배를 채우며 자랐다. 한글세대 대봉초교를 거쳐 4 · 19 이야기를 들으며 K중고등을 마쳤다. 새마을 노래와 70년대의 혼란기를 몸으로 겪으며 대구에 있는 K대학을 나올 동안 나름대로 행실이 바르게 성장했다. 건실한 학창시절은 시대에 맞게 곤색 교복과 얼룩무늬 교련복으로 나타났다.

또래 대학생들은 가난 속에서나마 낭만을 즐기는 청춘들이었다. 신암동 판잣집, 신천동 골목집 등에서 자취를 하면서도 모두 겨드랑이에 날개가 돋기를 원하고 "하늘을 우러러 한 점 부끄러움이 없기"를 간절히 바랐다. 바지 주머니 뒤에 원서 문고판을 꽂고 다녔고 어둑한 동성동 음악 감상실에서 칸트를 이야기하고 자본론을 금서처럼 읽었다. 형편이 조금 나은 여대생들은 테니스 채를 들고 다녔고 화장티도 내었다.

돌아보면 70년대는 추웠다. 가난하여 추웠고 희망이 없어 시렸다. 강의실에는 흑판만 걸려있었다. 에어컨도 난방도 없었고 상아탑은 우골탑이라 불렸다. 교수의 권위는 식육점 칼날처럼 서슬이 퍼랬고 학점은 짜기만 했다. 명색이 국립대학이지만 타자실에는 성한 타자기 하나 제대로 없었다. 요즘처럼 컴퓨터도 인터넷도 없었고 학과방이나 동아리방은 아예 꿈도 꾸지 않았다. 도서관은 개가식이 아니었고 책을 빌리려면 일일이 열람카드를 뒤져야 했다. 해외연수니 스펙이니 인턴이라는 건 있지도 않았다. 요즘 대학 건물마다 줄지어 설치된 신품 컴퓨터를 볼 때마다 눈물이 난다. 가난한 시절의 대학생이었다는 억하심정 때문이 아니라 그때나 지금이나 늘 대학생은 군대 걱정, 취직 걱정, 결혼 걱정으로 쪼그라진 청춘이라는 생각이 들어서다. 시국이 어지러워서 학사 일정대로 수업한 학기가 거의 없지만 대학은 수레바퀴처럼 잘 굴러갔다.

대학은 청춘의 대명사이다. 캠퍼스는 여전히 청년들의 성역이다. 그때도 그랬다. 방과 후에는 해가 저물도록 복현동산 잔디밭에서 통기타를 쳤고 봄 개학이 되면 털털거리는 시외버스를 타고 딸기밭으로 갔다. 중요한 점은 종종 학과의 남녀 학생이 같이 갔다는 사실이다.

영문학도 티를 내느라 달빛 비친 동촌 반야월 청천 하양 십리 밤길을 함께 노래하며 걷기도 했다. 달빛에 드러난 이성의 하얀 팔에 스칠 때의 감촉이며 수양버들 가지만큼 긴 머리카락에 비친 달빛이 냇물처럼 흘러내리던 모습이 지금도 생생하다. 강의실에서 마주치면 내숭을 떨었지만 아카시아 향기에 나름의 끼를 주체하지 못하는 아름다운 청춘들이었다. 청춘. 언제나 가슴이 떨리는 말이고 지금도 허기가 느껴지는 말이다. 그 말을 들으면 그땐 가슴이 마냥 울렁거리고 훈련병이 새벽 점호를 받을 때처럼 기가 살았다. 그 순수를 우리들은 매우 사랑했다.

내가 다닌 영어교육학과의 학생은 40명이었다. 차츰 서로에 대하여 학우애라는 정이 붙었다. 우리끼리 있으면 이성의 학우를 '걔'와 '개'로 불렀지만 앞에서는 서로에게 깍듯하게 '***씨'라는 존칭을 썼다. 학우들이 무언중에 공감한 것은 바깥나들이였다. 물론 자존심으로 한동안 뻗대는 탐색 기간이 빠지지 않았다. 1학년 때 12명의 여학생들과 나머지 남학생들은 각자 다른 대학의 신입생과 첫 미팅을 했다. 집토끼가 있으니 산토끼를 잡으려 한 모양이지만 서로 '네 탓'이라며 몽니를 부렸다. 그 시도가 재미가 없었던지 화해를 했다. 콧대가 높은 여학생들이 자기들끼리 놀러 갔다가 불량배들에게 곤혹을 치렀기 때문인데 그다음부터는 남학생들이 계획한 대로 잘 따라주었다. 1학년 2학기 때 막걸리 통을 교대로 짊어지고 수성못에서도 한참 먼 가창댐으로 야유회를 다녀왔다. 2학년 1학기 때는 1박 2일로 밀양 표충사에 갔다.

2학기 가을에는 더 먼 청량산으로 1박 2일 원행을 했다. 3학년이 되어서는 2박 3일의 속리산 일대 여행을 마스터하고 졸업여행으로는 5박 6일의 제주도 일주를 감행했다.

청춘을 핑계 삼아 간이 붓기 시작했다. 남학생들이 여학생 집을 찾아가 부모를 설득하려는 우행을 저질렀고 여학생들은 조별 남학생들에게 수놓은 손수건을 선물하면서 끼리끼리 돈독한 정을 쌓았다. 여학생들이 남학생을 부추겨 더 멀리, 더 오래 가자고 했다. 무주구천동을 다녀왔을 때는 아쉬움이 남았는지 새벽에 대구역에 도착하자마자 향촌동 따로국밥을 말아먹고는 팔공산으로 또 등산을 가자고 했다. 딸 단속이 엄격했던 시절에 부모들이 학과 등산을 간다니 안심을 했던 모양이지만 손잡고 노래하는 청춘을 받아들이기를 했을까. 남학생들은 속셈이 어떤지는 모르지만 매번 에스코트부터 등짐 지는 일까지 꽤 신사답게 대해줬다. 지금이라면 몇 커플이나 탈이 났을 터이지만 순수한 동기애 덕분에 제대로 처신하였다고 지금도 여긴다.

74년에 졸업한 후 40여 년이 지났다. 70학번 청춘들이 환갑을 훌쩍 넘겼다. 대학에 있는 한두 명을 빼고는 모두 정년을 하였고 지공선사가 되었다. 여학생들은 모두 어엿한 가문을 세워가는 마님들이 되었다. 실버 할배 할매가 된 동창들이 이십여 년 전부터 매년 정월이면 1박 2일의 동기회를 연다. 대구, 서울, 부산을 거점으로 각자의 거처를 마련한 동기들이 많아 세 곳 동기들이 번갈아 주최를 한다. 대학시절에 야유회를 갔던 대로 지금도 연례 동창회를 한다. 걔들과 걔들이 쌓아온 추억이 아름답기 때문일 것이다.

그동안에 주고받는 이야기가 퍽 변했다. 직장 생활이 주를 이루던 시절이 지나고 아들딸 하나둘 낳은 자랑, 애들 대학 보내고 결혼시킨 경험, 부모들이 차례차례 돌아간 슬픔을 거쳐 손자손녀를 키우는 뿌듯한 자랑으로 되돌아 왔다. 조금 더 오래 살면 손자손녀들의 취직 이야기도 나올 것이다. 지금은 은퇴 후록과 건강 비법을 주고받은 경우가 태반이다.

외양도 달라졌다. 여학생들은 입술 옆 뺨에 있던 보조개가 사라지고 눈가에 주름이 생겨버렸다. 더부룩한 남학생들의 검은 머리카락은 희끗희끗 듬성듬성해져 버렸다. 노는 모양새도 달라졌다. 밤새워 놀지 않고, 노래방에 가지 않고, 술도 퍼마시지 않고, 고스톱도 줄곧 치지 않는다. 별을 헤며 과수원길 걷던 낭만의 그림자가 사라지고 그냥 큰 방에 남녀학생이 빙 둘러앉아 한 해 동안의 기쁘고 슬픈 인생담을 주고받는다. 아직 기억하는 것은 입학 후 첫 상견례를 향촌동 골목 복국집에서 했는데 그때도 분명 큰 방에 빙 둘러앉아 자기소개를 했던 기억이 난다. 이젠 하룻밤 더 캠핑하자던 풋내기 객기는 꼬리를 내리고 일흔이 가까워지는 나이답게 종종 한옥에서 가야금을 듣고 창을 하는 문화인 행세도 한다.

그래도 변하지 않는 것이 적지 않다. 할배 할매가 모여도 부르는 호칭은 여전히 남학생 여학생이다. 뒤에 '분'이라는 접미사가 붙기는 한다. 이야기가 과거 현재 미래를 오가다가 과거에 붙어버리면 모든 얼굴이 붉어지면서 생기가 돈다. 봄날이 홀연 돌아온 것이다. 학과 교수님들과 가을 밀양 표충사 억새 우거진 사자평 위에서 대병 소주를 함께 깐 사제지정, 장맛비 맞으며 낙동강 상류 줄기를 따라 걷던 대오행렬, 무단으로 강의를 빼먹고 사과밭으로 갔다가 집단 F의 위협을 받던 태풍전야, 젊은 교수님 댁에 정식초대를 받았던 영광의 날, 졸업 사은회 날 "잘 살아라"고 말씀하시던 노교수님들의 최후 격려, 은사님들이 돌아가신 날의 제자 참회, 뭐가 바쁘다고 먼저 떠나버린 웅빈, 배국, 홍기에 대한 석별지한. 하지만 저녁 늦도록 아르바이트를 했던 시절의 회상은 있어도 죽어라 공부하였다는 추억담은 거의 없다.

1974년도 졸업 시기와 2016년 사이에 마흔두 개의 가을이 놓여 있다. 지금의 대학생들에게는 끔찍스러울 만큼 길고 긴 세월이겠지만 지나고 보니 순간이다. 자고로 어른들의 말이 틀리지 않았듯이 요즘 시간이 순풍에 돛 단 배처럼 지나간다. KTX만큼이나 빠른 세월 앞에서서 서로를 바라보면서 모두 잘 살았다는 격려를 한다. 모두 힘들었제, 라는 말은 굳이 할 필요가 없다.

남학생님과 여학생님이 상봉하는 날은 왠지 부산스럽다. 여학생들은 보통보다 더 정성스럽게 화장을 할 것이고 남학생들은 정년이 지나도 넥타이를 맬 것이다. 함께 모이면 흑백사진 대신에 비디오로 행사를 찍고 막걸리 대신에 와인을 마시기도 한다. 그럴지라도 마음으로는 모두 7080의 가난뱅이 대학생로 되돌아간다. 40여 년 전이 yesterday라는 착각이 아닌, 확신이 들고 누군가 청춘이라는 말을 입에 올리면 모두 한동안 먹먹해진다. 작년에 동영상에 찍힌 동기생들의 얼굴에 비하여 더 깊은 주름살이 생겼지만 우린 그때 그 시절의 단발머리와 상고머리를 명료하게 떠올린다. 아무리 편안한 자리에 앉아 있을지라도 흑백사진 속의 청춘만큼 아름다운 시절이 없다. 정녕 4년 동안 함께한 캠퍼스 추억이 없다면 올해도 어찌 추억 사진을 찍을 수 있겠는가.

3년 전부터 여학생님들의 제안으로 1년에 1박 2일로 두 번 만난다. 모든 남학생님들도 우레의 박수와 만장일치로 승인하였다. 요즈음에는 아줌마 동창들이 짠 모임 일정을 카톡으로 알려주면 아저씨 동기들은 얌전하게 따라간다. 모두 나이답게 처신하는 법을 배웠다.

별수 없다

난 그렇지 않으리라 생각했다. 친구들이 자랑을 하여도, 어느 날 갑자기 직장동료들이 만면에 웃음을 날리면서 호들갑을 떨어도 난 그렇지 않을 거라 작정하였다. 너도 별수 없을 거라 콧방귀를 뀌었으나 마이동풍을 자처하였다. 나만큼 마음이 무거운 선배 교수조차 변심했지만 난 무심하리라 작정했다.

세상에는 겉 표정과 속마음이 서로 다른 경우가 많다. 그런 예로 갑을관계가 있다. 따지고 보면 세상살이 모두가 갑질 을질로 이루어진다. 회사 사무실 풍경만 떠올려도 된다. 아랫사람은 상사가 부당하게 꾸짖어도 겸손하게 옳습니다라는 말을 되풀이해야 한다. 을의 신분을 거부하는 것은 신상에 좋지 않다. 갑이라고 별수 없다. 부하가 잘하여도 목소리를 착 깔고 '더 잘해'라고 주문해야 한다. 그렇지 않으면 언젠가 물리기 쉽다. 누구나 겉과 속이 다른 처지에 놓인다는 뜻이다.

지금 나는 을보다 갑이 되는 때가 더 많다. 경상도 집안의 가장이므로 난 당당한 갑이다. 양친이 돌아가시면서 나의 유일한 갑이 사라졌다. 지하철 좌석에 앉아도 눈치 볼 필요가 거의 없다. 환갑이 지나 웬만하면 나이 차에서도 갑에 속한다. 예전만큼은 아니지만 강의실에서는 학생들이 내 강의를 잘 들어준다. 외부 강의를 나가면 교수 대접을 해주니 억지로 불려나왔다는 느낌이 전혀 들지 않는다. 젊은 시절처럼 큰소리치지 못하고 그저 참기만 하던 을이 더 이상 아니다. 생활이 살판나지는 않지만 즐길 만하다.

그런 내가 주눅이 드는 을질 이야기가 하나 있다. 친구 중의 누군가 오늘도 을질을 당했다고 고백하면 순식간에 너도나도 그 화젯거리로 몰려간다. 신분과 나이는 물론 남녀구분도 소용이 없다. 사회에서 내로라하는 친구조차 을을 자처한다. 을이라는 신분이 즐거워죽겠다는 표정이 역력하다.

온갖 수모의 사건(?)을 다 펼쳐낸다. 받지도 못할 돈주머니를 탈탈 턴다. 한번이라도 더 안아볼 순서를 기다리며 안달한다. 배달원을 자청하여 백화점에서 한 시간도 기다린다. 방 청소와 부엌질도 마다치 않는다. 목욕시켜주라는 엄명을 기다리지만 그런 영광은 좀처럼 오지 않는다. 내가 보기에는 그 모든 일이 경박한 짓이다. 지금까지 쌓아온 체통과 체면을 일순간에 잃어버리는 것이다. 친구들 모두가 저렇게 경박해지더라도 난 변하지 않으리라. 조금은 배신당한 기분으로, 조금은 부러운 심사로, 그들을 은밀하게 경멸하곤 했다.

'별수 없다'는 말이 있다. 아무리 잘 나고 힘이 있어도 그렇고 그런 인간에 불과하다는 뜻을 지닌 말이다. 병과 죽음 앞에서는 누구나 별수 없다. 배설통 앞에 서면 모두 별수 없다. 만일 세상에 진짜 별수 있는 일이 하나라도 있다면 보통 사람으로 견디기 어려울 것이다. 별수 없다는 말 앞에서는 누구나 인간이 되니까 어찌 아니 좋은가.

그 을의 신분을 작년에 취득하였다. 친구들이 그랬던 것처럼 나는 "허허 하하" 하며 을의 신분으로 자원 입소하였다.

할아버지가 되었다.

나의 강단시절, 그 시작

1981년 3월, 나는 대구에서 부산으로 이사를 왔다. 1974년 3월에 대학교를 졸업한 후 7년 만에, 내 나이 만 29세에 대학 강단에 서게 되었다. 그것은 돌아가신 아버지의 간절한 희망이고 나에게는 고등학교 때 품었던 꿈이며, 시대적으로는 석사 소지자가 대학교 강단에 서는 행운이기도 했다. 아무튼 낮에는 광안리 바닷바람을 몸으로 받아들이고 밤이면 파도 소리가 연구실 창틀로 넘어오는 부산수산대학교 교양과정부의 전임강사로 발령을 받았다.

그때, 광안리는 매립이 안 되어 쉬는 시간에도 오갈 수 있는 코앞 거리였다. 내 손목만 하고 어깨높이까지 오는 소나무들이 자연 울타리였다. 34년이 지나면서 그들의 키는 나보다 3배나 껑충 올라버렸고 둥치는 레슬링 선수의 허벅지만큼이나 굵어졌다. 듬성듬성 서 있던 교사도 냉난방 신식 빌딩으로 바뀌어 빽빽하게 들어섰고 500여 명 남짓하던 전교생이 2만 명이 넘는 대규모 종합대학교로 발전한 것이 내 지난 시절을 보여주는 외적 변화들이다. 나무들은 내가 떠난 후에도 잘 자랄 것이고 건물도 높아질 것이지만 캠퍼스는 광안리 구역에서 벗어나지는 않을 것이다.

내 이름에는 바다 양洋이 들어있다. 지금 생각해보면 그것이 아버지가 나에게 남겨준 행운의 유산이라고 믿는다. 이름 덕분인지 모르지만, 바다와 연관이 있는 대학교에 근무하고 물과 관련이 있는 부산 대연동 전셋집을 거쳐 남천동에 살만한 집을 마련하였다. 큰아들은 해군 장교로 제대하고 둘째는 미국 항구 도시인 뉴욕에 살고 있다. 청도 유호리의 개천 동네에서 태어나 매일 동해를 바라보고 있으니 개천에서 용 난 셈이라고 말하여도 굳이 부인할 수 없다.

내가 본교와 인연을 맺게 된 때를 잊을 수 없다. 경북대학교 사범대학을 전교차석으로 입학하고 보통 성적으로 졸업한 나는 졸업 후 사립고등학교 교사로 잠시 들어갔다. 여고에서 4년, 남고에서 3년을 보내는 동안 석사과정을 마쳤다. 친구들이 하나둘 대학교에 자리를 얻으면서 내 운명을 선택하여야 했다. 그냥 영어 선생으로 살 건가, 아니면 보따리 강사를 하면서 쥐구멍에 볕들기를 기다리느냐였다. 며칠 고민한 끝에 사표를 내고 시간강사로 나서기로 배수진을 쳤다.

신문에 난 초빙공고를 보고 이력서를 내던 중에 영주에 있는 모 전문학교에 취업이 되었지만 왠지 아니라는 생각이 들었다. 그 때 부산수산대학교에도 응모를 했는데 뜻밖에 시험을 치러 오라는 연락이 왔다. 대학교수 채용에 시험을 친다니 내심 뜨악하였지만 "나는 지금까지 단 한 번도 시험에 떨어진 적이 없다."는 자신감이 일었다. 당시만 해도 어느 정도 알음이 통했던 터라 긴가민가했다. 시험을 친 후 2주가 지나 면접을 보러 오라는 연락이 왔고, 다시 일주일 후에 채용서류를 받아가라고 했다. 일사천리를 이럴 때 쓰는 말인지 모르지만 그 실체적 현실이 여전히 의심스러웠다. 지도교수도 선후배들도 채용되었다는 사실을 믿으려하지 않았다. 아무튼 나는 대학교수가 되는 행운을 얻었다. 정확히 말하면 전임강사가 되었다.

교수님들과 상봉한 첫날을 잊지 못한다. 준비한 서류를 제출한 후 사무직원에게 영어과 교수들이 누가 있느냐고 물었다. 그때 알고 보니 내가 졸업한 학과의 5년 선배가 이미 본교에 재직하고 있었고 함께 채용된 교수도 같은 과의 5년 선배였다. 또 알고 보니 다음 해 채용할 인원을 이승근 교수님이 적극 추천하여 미리 뽑았다고 했다. 후일 시험지 글씨도 반듯하고 번역을 잘해서 뽑았다고 술 자리에서 간혹 말씀하셨는데 지금 내가 쓰는 글씨는 다음날이 되면 나조차 알지 못할 정도로 난필이 되어버렸다. 그야말로 백척간두에서 행운의 덩굴을 잡은 셈이었다.

아쉽다면 교양과정부 소속이었다. 실업계고교의 영수과목 선생 격이었다. 당시 영어 담당은 이승근, 김철수, 김보희, 엄광웅, 배재덕, 전춘배, 그리고 나였다. 학과도 없는데 영어를 가르치는 교수가 7명이라니 지금으로써도 믿기 어려운 인원이다. 반별 학생 단위 수가 최대 30명이니 최상의 강의 분위기였다. 나중에 인사채용이 아주 공정했다는 이야기를 들었다. 연고불문하고 실력만으로 뽑는다는 게 말 만큼 쉽지 않다. 이 점은 당시 임용된 교수들이 모두 인정하고 지금도 그것을 가장 큰 긍지로 여긴다.

아무튼 선임교수를 찾아 첫인사를 해야 했다. 명패를 보고 연구실을 문을 두드렸다. 방학 때라 아무도 없었는데 다행히 김보희 교수가 연구실에 있었다. 2월이어서 월부 책장수들이 수시로 연구실 문을 두드린 때였던지 깔끔한 양복을 입고 들어온 젊은이를 보면서 그분은 "책 안 사요."라고 고개만 반쯤 돌리고 말을 했다. 소파에 앉지도 못하고 쫓겨날 뻔했다. 약간의 침묵이 흐른 후 이번에 채용된 사람이라고 신분을 밝히자, 황급히 일어나 몇 군데 연락을 취해주었다. 잠시 후, 배재덕 교수가 왔고 학과 어른인 이승근 교수가 택시를 타고 왔다. 이내 비상연락이 되었는지 전춘배 교수도 왔는데 그날 처음 보았다.

이승근 교수는 처음부터 나를 주눅 들게 했다. 키는 나만했지만 홍안의 얼굴, 은빛으로 휘날리는 머리카락, 최고급 상아 파이프와 향기로운 연초, 얼핏 보아도 타이타닉호 정도의 유람선 선장감이었다. 그분의 단골 횟집에서 즉석 상견례 자리가 베풀어졌다. "후래삼배"라는 격식에 따라 세 잔을 올렸고, 나도 석 잔을 받았다. 권하는 대로 마시지만 취해서는 아니 될 자리였다. 상 위에는 난생처음 보는 갖가지 횟감이 차려지고 맥주잔에 따스한 정종을 담아 연거푸 사이다 마시듯이 했다. 후일 알고 보니 그분은 학교 내에서도 다섯 손가락 안에 들 정도로 호주가였다. 학과 교수들은 그분의 술 시중에 이미 녹아웃 직전이었음도 후일 알게 되었다.

그런데 29세 청년이 나타났다. 채용 전까지 누군지를 몰라 조금은 괘씸했는데 나름대로 청탁불문을 사양하지 않는 막내가 들어왔으니, 어찌 기쁘지 않으랴. 반 농담 삼아 이럴 줄 알았다면 점수를 더 후하게 줄 텐데, 라고 덕담을 해주시기도 했다. 이후 월화수목금 거의 빠지지 않고 오랫동안 열심히 대작을 해드렸다. 그동안 단 한 번도 아래 교수들에게 술값을 짐 지우지 않으셨다. 호랑이 담배 피던 시절이고 원로교수들에겐 호시절이었다.

일과가 마무리할 즈음이면 그분은 내 연구실로 들어와 "박 선생, 나가자." 여섯 마디만 하면 군말 없이 펼쳐진 책을 치우고 따라갔다. 기껏 교문 앞 골목 소주 주막집이거나 못골 뒷길의 맥줏집이다. 나를 낳아준 분이 혈육의 아버지라면 그분은 나를 학문으로 들어서게 한 정신적 아버지가 아닌가. 끝까지 모시리라. 사나이 맹세. 시험지를 대신 채점해드리고 술이 과하면 댁까지 모셔다드리곤 했다. 지금 기준으로 따지면 둘 다 시말서 감이겠지만 그땐 선배 교수에 대한 당연한 예의였다. 지금도 난 정성이 부족하였다고 여길 뿐이다. 암튼 내 대학직은 그렇게 시작되었다.

나의 강단시절, 그 중간

나는 첫눈에 내 직장을 사랑하게 되었다. A4 용지 다섯 장 정도 합친 크기에 대통령 직인이 찍힌 임명장을 아버지께 드렸던 날을 잊지 못한다. 그분은 임명장을 부처님 전에 바치고 오래도록 축원 염불을 하였다. 평소의 쩡쩡한 목소리와 달리 속 깊은 울림과 축축한 아픔이 배어있었다. 17세 장남으로 출가하여 이십대에 동화사 총무 스님을 맡아 본사 살림을 맡았던 분이 죽 한길로 갔다면 동화사 방장쯤은 가뿐히 했을 텐데, 자유당 법난으로 시골 암자로 밀려나고 그곳에서마저 쫓기듯 나와야 했는데 '아들 하나는 교수라도' 하는 소원을 이루어냈으니 새벽 목탁을 두드린 보람이 있다고 생각하셨을 게다.

아무튼 바다를 지척에 둔 대학의 연구실에서 공부를 하고픈 대로 할 수 있었다는 게 신기했다. 그지없는 행복이다. 세상에, 하고 싶은 일을 하는데 나라 봉급을 주는 곳이 어디 많은가. 직장인은 가족을 위해 죽어라, 싫어도 일을 해야 쥐꼬리 월급을 받는다. 그게 샐러리맨의 시지포스 운명이다. 회전의자를 꿈꾸며 딱딱한 나무 책상 앞에서 한 달, 한 해를 견디는 게 남자들이다. "책상 빼"라는 말은 사형선고와 다름없다.

그런 현실에 비해 난 남들이 부러워하는 자리를 얻었다. 나에겐 월급이 문제가 아니었다. 전근 갈 필요도 없는 자리, 하루 종일 박혀있거나 주말에 나와도 아무도 간섭 않는 자리, 늦게 나오고 일찍 나가도 눈치 받지 않는 자리, 밤을 새워도 전기세 수도세 관리비 내지 않는 자리, 청소 며칠씩 아니 해도 되는 자리, 여름이면 셔츠 차림으로 일해도 되는 자리, 젊은 청년들과 매년 만나는 자리, 출장비 챙겨주고 자잘한 일을 조교가 대신해 주는 자리, 술값 장부에 외상을 남겨도 마담이 군소리하지 않는 자리, 보직 욕심만 버리면 죽어라고 책을 읽을 수 있는 자리, 밤이면 몸을 의자에 몸을 푹 기대고 파도 소리를 듣는 자리…. 식은 죽 먹기는 아니지만 제 소임만 다하면 그지없이 편한 직장. 당시 입사 동기들이 맥주를 한 잔씩 나누면 부산수산대학이 최고라는데 만장일치로 동의하였다.

내 성격 중에 좋은 게 하나 있다면 하나의 일에 집착하는 것이다. 연구실 분위기에 익숙해질수록 내 생활공간이 자연스럽게 집에서

학교로 옮겨졌다. 출장이 없으면 밤 열두 시를 넘기기가 예사였다. 의식적이었는지 모르나 아침에는 선배 교수들보다 더 일찍 연구실에 나왔다. 군 신병의 기강으로 보아도 된다.

연구실 붙박이 습관을 들이게 된 것은 지금은 은퇴한 강남주 교수 덕분이다. 그분과 나는 다른 점이 많았다. 그는 정통 부산파이지만 나는 소위 TK출신이다. 그는 국문학 전공이고 나는 영문학 전공이다. 그분은 본교 출신이었고, 나는 타교에서 왔다. 쉽게 교감할 여건이 아니었다. 그래도 내게 그는 대학교수의 롤모델이었다. 유머와 위트가 넘치고 남다른 예지와 인품을 지니고 있었다. 깔깔한 똥고집이 있었지만 나도 그랬으니 대수가 아니었다. 무엇보다 시인이라는 게 나를 감복시켰다. 내 고등학교 시절의 꿈이 국문학 교수가 아닌가. 나는 남자가 남자를 알려면 10년의 세월이 필요하다는 신조를 갖고 일심으로 행하고 대했다. 마침내 수필가로 천료받고 문학평론가의 길을 가게 된 것은 모두 그분의 조언과 격려 덕분이니 내 문학의 은사인 셈이다. 하지만 이승근 교수로부터는 중후한 주당의 매너를, 강남주 교수로부터는 지적 유머를 배우지 못하였다.

당시 전임강사와 조교수는 하늘과 땅 차이였다. 전임강사는 교수가 아니어서 교수회의에 들어갈 수 없었고 참석하여도 투표권이 없었다. 각종 수당과 비품 제공에도 엄연한 차별을 두었다. 일제 관습이 남아있는 전문대학 전통 탓인지 외부 출신 교수들에게는 이해하기 어려운 점이 더러 있었다. 교수실이 부족하여 한 방을 두 명이 함께 사용했고 필요하면 수시로 이사를 다녔다. 나의 경우 신참이다 보니 사글셋방 이사하듯 했다. 향파관 옆 모퉁이에 남아 있는 감옥 같은 습기 찬 곳에서 더부살이도 했다. 지금 내 연구실은 본교에서 가장 높은 15층 중 로열 10층에 있다. 남으로 이기대 산이 보이고 학과 사무실 반대편 이어서 학생들이 많이 드나들지만 귀여운 학과 제자들이 아닌가. 늦은 밤이면 인문사회관의 나 홀로 건물주가 되니 이만한 호강이 달리 없다. 이미 몸에 밴 연구실 체류증세 덕분에 연구실에서 도시락 먹고 새우잠 자고 글 쓰고, 프로야구를 인터넷으로 본다. 그저 정년할 때까지 개별 냉난방은 해주지만 개별계량기는 달지 않기를 바랄 뿐이다.

당시의 교수회는 진풍경이었다. 테이블마다 재떨이가 질서정연하게 놓여 있고 서열 순으로 자리가 배치되어 마치 영국의 추밀원 같았다. 보직교수들이 앞에서 보고를 하면 원로급 교수들은 담배를 물고 허리를 뒤로 제친 후에 느긋하게 발언을 했다. 모두 학교 선배이고 스승이니 어찌할 건가. 자욱한 담배 연기 속에서 계속되는 회의는 강의시간을 넘기기 일쑤였지만 그분들은 요지부동이었다. "공부는 학생들이 하는 거야." 이 말 한마디로 산만해질 분위기를 단숨에 휘어 잡았다. 민망한 설전과 고성이 오가는 게 조금은 예사였다. 그런 날에는 학교 부근 단골 술집이 호황을 누렸다. 그곳에서는 보직교수 평교수의 신분을 떠나 선후배라는 인지상정의 인간관계를 나누곤 했는데 난 늘 참관자였다. 그 동안에도 그분들의 대학생들이 근무하는 실험실 불은 켜져 있었다.

초창기의 캠퍼스는 참으로 운치 있는 정원 같았다. 본관은 붉은 기와를 얹고 한쪽으로는 뾰족 탑이 서 있는 은빛 벽돌로 감싼 목조 3층 건물이었다. 일본풍 외관만으로도 50년 가까운 전통을 자랑했다. 그 뒤로 낡은 2호관, 3호관이 있었고 강의동이 있었다. 정문 우측으로 양어장이 있고, 붉은 벽돌도서관에는 일제 강점기부터 모은 고서들이 즐비했다. 그 외에도 3층짜리의 나지막한 연구동과 강의실들이 여기저기 자리했다.

어쨌든 전공학과가 없는 영어 교수 생활은 조금은 따분하고 허전했다. 다른 대학의 영문과 교수가 된 대학 동기들을 만나면 괜히 기가 죽었다. 배부른 소리라고 하겠지만 결혼을 하였지만 자식 없는 아버지 꼴이었다. 내가 마무리하고 싶었던 대학원 공부를 시작했다. 대구가톨릭대학의 박사과정에 들어갔고 영국 리버풀대학과 미국 위스콘신대학에서 객원교수로 지내면서 논문을 써서 1988년에 문학박사 학위를 받았다. 원로교수님이 어느 날 부르더니 어디 다른 데 가려나 하고 조심스레 물었다. 아니라고 펄쩍 뛰었지만 요즘 생각하면 전혀 그런 게 눈곱만큼도 없느냐고 물으면 자신이 없다. 그때 그분이 말씀하신 것이 평생의 가르침이 되었다.

“기다려라. 조급하게 굴면 안 된다.”

나의 강단시절, 전성기와 말년

대학교수로 재직한 30년 하고도 6년이 일장춘몽이다. 그래도 가만히 기억하면 부경대학교에서 맞이한 변화는 3가지다. 첫째는 29살 풋내기 전임강사로 부산수산대학 강단에 서게 된 것이며, 두 번째는 영어영문학과가 설치된 것이며, 세 번째는 부산공업대학과 합쳐 부경대학교로 새롭게 태동한 것이다. 그런 발전이 일어날 때마다 나의 강단 생활도 변하였다.

1991년 3월 1일. 그날은 3 · 1운동 72주년을 맞이하는 날이다. 때맞춰 교양영어만 가르치던 6명의 교양영어 교수들이 “인문사회과학대학 영어영문학과 근무를 명함”이라는 인사발령 통지서를 받았다. 6명의 교수들은 그날 저녁 횟집에서 홍조 띤 얼굴로 건배를 거듭하였다.

우리에게도 20명의 제자가 생겼다. 그것은 경이로운 기적이었다. 25년 전 일이지만 지금도 그때의 소주잔과 맥주잔을 잊지 못한다. 지금 그때의 영세학과가 일반대학원, 교육대학원, 테솔학과, 2017년에는 미국학과라는 계열학과를 문어발(?)로 거느리는 거대학과로 탈바꿈하였다.

첫 제자들에 대한 교수들의 정성은 지극했다. 너나없이 학생들에게 끊임없는 애착을 불어넣으며 동고동락하였다. 야외소풍을 가면 모든 교수들이 동행하였고 졸업여행을 갈 때면 은근히 자신이 인솔교수가 되고 싶어 했다. 소수정예이니까 취업 걱정도 없었다. 욕심을 부려 남학생 제자가 많았으면 했지만 인문계 특성상 대부분이 여학생들이었다.

전공과목을 준비해야만 했다. 전공배치는 서열 순으로 매겨지면서 나는 영문학개론과 같은 일반전공을 맡았다. 소속 학과 교수 중에 공교롭게 전공이 같은 분이 있었던 터라 전공강의는 그분이 퇴임할 때까지 기다려야 했다. 자연스럽게 전방위 과목을 가르쳤다. 영문학개론, 미국소설, 영국소설 외에 에세이와 교양영어와 영어청취까지 가르치는 잡학전공 교수가 되었다. 닥치는 대로 연구하는 가운데 영문학 교수가 지녀야 할 지식을 갖추게 되었으니 지금도 전화위복이라고 생각한다. 함께 입사했던 다른 학과 교수들이 차례차례 중견으로 승급하여도 나는 여전히 학과에서 막내였다. 그 시기가 거의 10년 동안 계속 되었는데 드라마와 시 전공 교수들이 들어와서야 비로소 신입

신세에서 벗어났지만 이미 민주화 시대가 되어 하사관급 조교수는 별 득이 없어져버렸다.

대학 교수는 체면, 체통, 위신을 먹고 산다. 우리말 속담에 '양반은 얼어 죽어도 곁불을 쬐지 않는다'라는 말이 있다. 체면만큼 교수를 말라 죽이는 흡혈충이 없다. 교수의 자존심은 보직보다는 논문과 저술이라고 원로교수님은 술을 먹을 때마다 반복설교를 해주셨다. 그것이 갖추어지면 자신처럼 덩치가 작아도 되고 술을 먹고 조금은 비틀거려도 꿀리지 않는다고 하교하셨다. 모교의 은사 교수님도 내가 부산으로 내려갈 때 그런 훈시 겸 격려를 했다. 그분들의 말을 기억할 때마다 교수는 횃대에 앉아 두 눈을 부릅뜨고 심야를 이겨내는 올빼미라는 생각을 했다. 실제 두 분 모두 아무리 술을 마셔도 끝까지 준엄한 자세를 흩트리지 않았지만 난 태생 탓인지 그걸 배우지 못했다.

두 대학이 마침내 통합을 했다. 두 대학이 통합한 후 뜻하지 않게 기숙사 사감 보직을 맡았다. 대학 사감이라면 〈B사감과 러브레터〉처럼 적어도 아재뻘이어야 하고 군대로 치면 특무상사 격인 체격 좋은 체육학과 교수가 맡는 것이 상식이라고 여겼다. 그런데 마흔이 되지 않는 영문학과 교수에게 사감을 맡으라니 적이 걱정이었다. 당시는 정치적으로 혼란기여서 젊은 교수가 맡으면 학생들과 잘 소통하리라는 기대 때문이었을 것이다. 아무튼 나도 학생 간부도 하고 데모도 하고 동아리 회장도 했다. 그걸 밑천 삼아 해보자는 오기 비슷한 의욕이 생겼다.

아예 사감실에 모든 것을 옮겼다. 그곳에서 연구하고 잠자고 세끼 밥을 먹으며 직원과 식당 아줌마와 학생 간부들과 어울렸다. 군대식 점호를 도입하고, 입사 성적 조건을 정하고, 기숙사는 공부하는 곳이라는 명분으로 성적 미달자는 누구든 퇴사시켰다. 학생들은 한동안 투덜댔지만 그들에게는 명분이 없었고 한 학기가 지나면서 달라진 분위기에 만족하면서 새 규칙을 따랐다. 2년 후 기숙사 사감과 학생부처장으로 다시 임명받았다. 그것이 내 본부 보직의 시작이자 끝이다. 보직을 오래 하면 본연의 자리로 돌아가기가 힘들다는 예감 비슷한 것이 생긴 것이다.

나의 노선이 바뀌었다. 학술활동과 학회 일에 전념하였다. 한국호손학회의 부회장으로 선임되었고 새한영문학회의 회장도 맡았다. 지금 생각하면 그때가 교수로서의 전성기였다. 전국 교수들과 교류하면서 공부를 더 해야 한다는 필요성을 느끼고 기회를 만들어 해외로 나갔다. 그것은 연구를 떠나 내 영혼이 간절히 바라는 숨구멍이기도 했다.

기억을 되살려보니 적잖게 나갔다. 리버풀대학에서 ESP를 연구하고 위스콘신 주립대학에서 논문을 마쳤다. 펜실베니아주립대학에서는 미국학을, 워싱턴대학에서는 현대미국소설을 연구하였고, 남호주대학에서는 아동영문학교육론을 공부하였다. 그땐 수필가로 활동하는 중이라 글도 틈틈이 썼다. 그 외국생활이 바탕이 되어 ≪21세기 영문학개론≫, ≪미국소설과 문화≫, ≪미국과 미국인≫, ≪나다니엘 호손 연구≫, 원서 ≪Understanding Children's English Literature as

ESL≫을 위시하여 열 권 남짓 발간하였다. 내가 대학에 들어오면서 할 수만 있다면 배꼽 높이까지 책을 내고 싶다는 욕심 겸 각오를 품었다. 문학 관련 서적과 원고 덩어리로 남아 있는 네댓 권 분량을 합치면 배꼽까지는 아니지만 허벅지까지는 올라왔지 싶다. 그래도 개탄스러운 게으름뱅이라고 자책한다.

1996년 부산수산대학교와 부산공업대학이 합치면서 영어영문학 학과장 발령을 받았다. 규모가 소규모 단과대학보다 큰 학과였다. 소속 교수 20명, 외국인 강사 15명, 한국인 시간 강사만 30명이 넘었다. 학생 정원도 주야간 100명인 공룡이었다. 이질적인 학과의 통합인 만큼 커리큘럼 배정을 두고 갈등이 일어났고 학과 본부를 대연동에 두느냐, 용당동에 두느냐에 따라 알력도 생겼다. 일을 하다 보니 손익이 생겼다. 추진력은 인정받았지만 사람으로서 지녀야 할 온유함을 잃고 말의 표현도 딱딱해졌다. 그땐 어쩔 수 없이 감내할 면이라고 생각하였지만 지금은 오만한 자부심이었다고 여긴다. 나도 모르게 아픔을 주었을 교수와 직원들에게 미안한 마음도 갖는다.

세월은 누구에게나 유수 같다. 10년, 20년, 30년이 후딱 지났다. 우수리도 3년이 더 지났다. 정년을 3년 앞두고 마음속으로 다짐한 게 있다. 가능한 한 학과 회의에 참가하더라도 입을 다물기로 한 것이다. 더 오래 계실 분들이 결정할 문제라고 생각한 것이다. 의도는 좋았는데 제 버릇 남 못 준다는 속담처럼 어쩌다 학과 회의에 참석하면 나도 모르게 이런저런 참견을 해버린다. 어느 날, 학과 후배 교수가

"우리도 이제 50을 넘겼어요."라는 말에 속이 참으로 뜨끔했다. 나처럼 머리가 희어지고 얼굴에 주름이 생겼는데 왜 그들이 나에게는 여전히 30대 후반의 젊은 교수로 보일까. 지나 가버린 청춘에 대한 아쉬움 때문인가. 아니면 노파심으로 잔소리가 많아진다는 생리 때문인가. 아무튼 그 후로 나는 더욱 조심하기로 했다.

나이를 먹으면 말 적게 하고 밥 잘 사 주어야 한다는 인생론은 대학이라고 예외가 아니다. 원로 교수도 선배 교수도 차례차례 은퇴하면서 그 소임이 어느덧 내 몫이 되었지만 자주 그렇게 하지 못한다. 후배 교수들의 말이나 표정이 가만히 계시라는 의미로 읽히기도 하고 나갈 때 잘하라는 무언의 주문으로도 읽힌다. 잘못 보았는지도 모른다. 어찌 그분들이 그런 야박한 마음을 먹겠는가.

마지막 촛불의 빛이 가장 밝다고 한다. 2016년, 마지막 1년을 남겨두고 연구실에서 밤 1시가 가깝도록 밥 먹고 선잠 자고 빈둥거리고 간식도 먹는다. 나를 자폐증 환자라고 부를 수도 있겠지만 전기세 수도세 관리비 내지 않는 특혜를 어찌 사양할 건가. 청소 아줌마가 청소해주고 경비원 아저씨가 순찰하는 경호를 어찌 마다할 건가. 사방이 책장으로 둘러싸이다 못해 바닥에도 책이 어지러이 쌓이지만 앉으나 서나 손때가 묻은 곳이다.

주인이 이곳을 떠나게 되면 저 많은 책들이 어디로 갈까. 고아 신세가 되는 것은 아닐까. 갖가지 자질구레한 비품들은 또 어떻게 될까. 고물상에도 갈 수 없을 텐데. 34년의 기억과 추억은 어떻게 할까. 그것은 세월 너머로 보내야겠지.

종종 그런 생각을 하며 창밖을 내다본다. 창밖 풍경은 변함이 없다. 비가 내리고 안개가 끼고 차가운 바람이 불어오지만 산의 모양은 그대로이고 캠퍼스 풍경도 변함없다. 만사가 그런 것이다. 세상은 그대로이고 오직 사람만 변할 따름이다. 어쩌면 앞서 은퇴한 교수분들도 그렇게 생각하며 짐을 꾸렸을지도 모른다.

여섯 평 무릉도원의 봄날이 끝나간다.

잘 지냈다.

소주 한 병의 푸념

사람의 마음은 원래는 빈 것이다. 그래도 그것이 비워지는 순간이면 항상 채워지기를 바란다. 소유함으로 얻게 되는 편리와 반대로 무소유로 빚어진 불편을 경험할수록 휴지 한 조각조차 쉽사리 버리지를 못하는 것이 인지상정이다. 무엇을 가지고 있느냐보다는 가지고 있다는 사실 자체에서 안도감을 품기 때문이다. 그러니 자기 것을 비워내어 남의 그릇에 부어주기는 참으로 어렵다.

소유욕이 남다른 사람조차 그지없이 너그러운 경우가 한 군데 남아 있다. 담배와 술이 그렇다. 지금도 술친구, 담배 친구는 있으나 돈 친구는 없지 않은가. 그래도 속을 들여다보면 담배와 술의 나눔에는 재미있는 차이가 숨어있다.

생면부지로 만나는 사람들이 안면을 틔우기 위해 서로 담배를 권한다. 구면일 때의 효과도 적지 않다. 거리를 오가면 담배 한 개비쯤은 공짜로 얻기도 하고, 옷매가 맞는다고 비위를 조금 맞추어주면 한 개비쯤의 덤도 식은 죽 먹기다. 담배 상습채무자가 있어도 굳이 입방아에 올리지 않는다. 기일을 두고 갚는 사람도, 갚으라고 독촉하는 상대도 찾기 어렵다. 빌린다는 것이 핑계라고 누구나 다 인정하기 때문이다.

하지만 요즈음 담배 인심이 옛날만 못해졌다. 담배를 주고받는 여유가 겨울 개울처럼 바싹 마르다 못해 약아빠졌다. 어쩌다 담배를 얻는 행운이 생겨도, 함께 암병원으로 가자는 악의가 숨어 있지나 않은가 두렵기도 하다. 어쨌든 담배 인심마저 액면 그대로 받아들일 수 없는 세상이 지금이다.

술 인심은 그나마 옛 모습을 지켜간다. 단숨에 들이키면 한 잔만 권한 것이 죄라도 되는 듯 철철 부어준다. 상대방이 값을 치르는 술자리에서조차 아무리 마셔도 그냥 고맙소라는 표정을 지어준다. 너그럽다 못해 헤플 정도다. 아니면 가학적이랄까. 담배의 경우라면 청하지 않으면 권하지 않지만, 술을 사양하면 뜻하지 않은 봉변을 당하는 사태도 종종 생긴다. 그만큼 술 인심은 무차별적이고 무조건적이다.

그렇더라도 곰곰이 살펴보면 술과 담배가 베푸는 속성은 전혀 다르다. 피우는 순간 기체로 흩어지는 것이 담배라면 체내 깊숙이 스며드는 것은 술이다. 사람의 정情에도 담배 같은 것이 있는가 하면 술 같은 것도 있다. 담배 정은 자극적이면서 일시적이라면 술 정은 밋밋하지만 여운을 오래 남긴다. 술잔과 담뱃대를 돌리는 격식도 판이하지 않은가. 그러니 술잔이 서로 부딪치는 소리에 묻어나는 정분은 두 사람만이 알 일이겠다. 담배의 의리는 아폴로적이고 술의 정분은 디오니소스적이랄까.

나는 담배는 못 피우지만 술은 꽤 좋아한다. 솔직히 말해 친한 친구에게 5만원을 꾸어줄 때면 떨떠름하지만 몇 배의 비용이 나가는 술은 별 생각 없이 사 준다. 경제논리로 따져보면 두 눈 뜨고 손해를 자청하는 짓이다. 돈을 빌려주면 인사도 듣고, 간 큰 친구가 아니라면 언젠가는 갚을 텐데. 하지만 "다음에는 내가 쏘지" 하는 술자리 약속을 실천하는 경우는 거의 없다. 듣는 쪽도 인사치레려니 하고 여긴다. 이래저래 손해 보면서도 쉽사리 버리지 못하는 것이 술 인심이다.

못된 버릇이 한때 있었다. 담배였다. 남들이 담배를 끊을 서른 후반에 늦바람처럼 담배를 피웠다. 담배에 입문한 후, 서너 해 동안은 남이 권하면 피우고 없어도 불편하지 않았다. 그런데 담배를 사야 할 처지가 되면서 이틀에 한 갑 정도 피우고 애연가들의 담뱃갑을 노리는 수준에 다다랐다.

흡연 입문 후 5년이 지나 우연찮게 담배를 끊게 되었다. 독종이라고 했는데 왜 끊게 되었는지 지금도 잘 모른다. 아마 체질에 맞지 않아서

일 것이다. 그렇다한들 그동안 공짜로 빌린 전과前科를 어찌할 건가. 업을 메우느라고 끽연 친구들을 위해 한동안 재떨이와 담배를 준비해 둔다. 내 건강을 진심으로 염려하여 니코틴을 대신 흡입해 주려는 우정을 어찌 저버릴 것인가. 비용도 그땐 기껏 이천 원 정도이니 각박하게 굴 여지가 없다.

문제는 술 인심이다. 어림짐작만으로 지금까지 술을 얻어먹은 경우보다 술을 사준 횟수가 훨씬 많을 것이다. 그렇다면 내가 담배 빚을 성실하게 되갚았듯이 내 술 채권을 누군가가 갚아야 한다. 그런데 마이동풍이다. 세상인심이 그렇다더니 술자리가 거의 사라져버렸다. 먹은 술을 갚으라고 찾아다니며 외칠 수도 없는 일. 복이 없는 놈은 이래저래 손해만 보는구나 생각하면서 속만 남몰래 상하고 있다.

요즘 세상이 갈수록 빡빡해진다. 비싸져버린 담배를 건물 구석에서 혼자 피우는 직장인들이 늘어가고 술친구들과 어울리는 저녁 짬은 갈수록 드물어간다. 슬픈 인생의 친구들이 소주잔을 주고받을 곳을 기다릴 곳을 찾을 텐데, 한때의 술잔 동료들도 나처럼 궁상스럽게 독배獨杯의 고독을 견디고 있는 것은 아닌지.

술안주는 심중을 나누는 정이다. 그래서 연우煙友라는 말보다 주우酒友라는 말이 더욱 쫀득하게 들린다. 새벽이슬이 내리도록 술상을 마주할 친구가 없다면 어찌 채워진 인생이라고 할까. 건너편 잔이 채워지면 내 잔도 채워지는 법.

하지만, 혼자 마시던 주량이 어느덧 소주 한 병이 되었다.

헬로우, 레이캬비크

새벽에 일어나는 한국의 밤은 검다. 새들이 잠에서 깨어나지 않은 칠흑의 밤이다. 나는 밤의 색깔이 그냥 검다는 게 불만이었다. 그것이 북극 나라를 동경한 이유인지 모르나 아이슬란드의 수도 레이캬비크에서 맞이한 밤의 색깔은 달랐다.

레이캬비크(Reykjavik)는 "수증기 안개의 항구"라는 뜻이다. 예로부터 아이슬란드 섬이 화산으로 이루어져 바이킹 족 마을에는 늘 화산 안개가 덮여 있었다. 화산재와 검은 비가 오두막에 쏟아져 내리고 붉은 용암이 마을로 덮쳐올 때조차 그들은 고난에 찬 삶을 사가(saga)로 읊었다. 그리고 2013년 9월 레이캬비크 시민들은 세계의 소설가, 시인, 에세이스트, 드라마티스트, 번역가, 편집인, 그리고 인터넷 블로그

운영자들을 초대하였다.

나는 차가운 바다 인근의 캐빈 호텔에서 1주일을 보내면서 아이슬란드의 밤에 매료되어버렸다. 칙칙한 날씨, 별 하나 뜨지 않는 밤. 오로라는 보이지 않았지만 그곳 밤의 색조는 남달랐다. 그것은 블랙커피 빛이었다. 커피를 마시게끔 나를 유혹한 하와이산 코나커피 색깔이었다. 그들도 겨울밤이면 커피 빛을 떠올리며 몸을 녹이리라 확신하였다.

레이캬비크의 소금기가 밴 빗방울이 내 체온을 낮추었다. 대부분의 사람들이 두꺼운 외투와 후드를 뒤집어쓰고 있었지만 내가 가져간 옷은 소매 짧은 여름옷이 대부분이었다. 선글라스는 소용없었고 스마트폰도 무용지물이었다. 얇은 바람막이 옷이 그나마 없었다면 어찌할 뻔했는가. 화산암, 오로라, 바이킹, 빙원, 툰드라 황무지, 오목조목한 중세 건물… 주변에는 구경거리 아닌 것이 없었지만 돌아볼 여유는 그림의 떡이었다.

국제펜대회의 행사장인 하르파(Harpa)를 찾아갔다. 종합 컨벤션 센터인 하르파는 호주의 오페라 하우스에 버금간다. 오페라 하우스가 우아한 흰색 드레스를 입은 신부라면 하르파는 검은 턱시도를 맨 청년을 연상시킨다. 유리와 시멘트를 주 재료로 만들고 사방이 네모로 각져 빼어난 현대 건물에 속한다. 아이슬란드의 빛과 어둠을 상징하듯 외부와 내부가 모두 검은색이면서 사방의 유리벽을 통해 한껏 태양빛을 받아들인다. 바다 제방에서 채 20미터도 떨어져 있지 않는 위치마저 고려하면 노아의 방주였다. 유럽대륙에서 그들의 조상 바이킹을 이곳으로 실어다준 배가 드래건 보트이니까.

도시 중심지에는 파이프 오르간 모양을 한 루터파의 교회가 자리해 있다. 그곳을 중심으로 방사선 도로가 사방으로 뻗어 있다. 도착할 때는 11시 예배가 시작되는 시간이어서 입구 벽면 전체를 차지하는 거대한 파이프 오르간이 장중하게 울렸다. 교회는 하얀 벽과 황금빛 오르간과 합창단의 검은 정장이 조화를 이루었다. 아이슬란드인들의 90%가 루터파 신자라고 한다.

여행의 재미란 뜻하지 않은 곳에서 예상 밖의 사람을 만나는 일이다. 교회를 나와 광장 맞은편에 자리한 커피점에서 운 좋게도 1995년 노벨문학상을 받은 할도르 락스네스(Halldor Laxness)의 표지 삽화를 맡아 그려온 화가의 외손녀를 만났다. 푸른 눈을 지닌 미모의 여성은 락스네스가 공산주의 운동가이며 반정부 작가라고 소개해 주었다.

나아가 아이슬란드 국민은 책을 좋아한다고 자랑했다. 바이킹 혈통을 물려받았지만 중세시대 내내 영국과 덴마크의 틈바구니에서 고난을 겪은 나라이다. 그때 민족을 살아남게 한 것이 문학과 언어라는 것이다. 실제 레이캬비크는 유네스코가 정한 문학의 도시이다. "모든 아이슬란드 국민은 배에 책을 갖고 태어난다"는 말이 있을 정도로 국민의 10분의 1이 적어도 한 권의 책을 발간한다고 한다. 9세기부터 가족사, 모험, 항해, 분쟁, 전투를 서사로 기록해온 그들은 도로 표지판과 시내 간판을 오직 아이슬란드어로만 표기한다. 그 노력을 기려 2011년 유네스코는 이 도시에 "문학의 도시"(city of literature)라는 명예를 선사하였다.

락스네스는 아이슬란드가 존경하는 노벨문학상 수상 작가이다. 1902년 레이캬비크에서 태어나 17세에 첫 소설집을 발표한 후 세상을 떠날 때까지 60권의 소설 외에 단편소설, 에세이, 시, 드라마, 회고록 등을 발표하였다. 1995년 노벨문학상을 받고 1998년 97세로 영면할 때까지 해외여행을 즐겼고 슬하에 두 딸을 두었다. 그의 아내가 98세로 2012년에 세상을 떠난 후 그들이 살던 저택은 박물관이 되었다. 대절 택시가 달리는 양 옆으로 초록 대지가 펼쳐지고 바다에는 은빛 파랑이 번뜩이고 산은 하얀 안개에 덮여 있었다. 푸른 언덕 사이로 하얀 집이 드러나는 순간, 온몸에 전율이 일어났다.

락스네스가 노벨문학상 수상 소식을 들었을 때 그는 해외여행 중이었다. 지금 나는 세상을 떠난 그의 집을 찾아간다. 지금까지 한국인이 이곳을 찾아온 경우는 고작 두세 명에 불과할 정도로 그는 우리에겐 낯설다. 하지만 문학적 체취는 입구부터 갖가지 꽃향기와 함께 풍겨 나온다. 언덕 바람이 몰려오는 좁은 샛길을 가진 하얀 이층집이다. 그 길을 통해 갈색 대지와 연초록 툰드라가 어울린 풍경을 바라보면서 이내 왜 그가 작가가 되었는지, 어찌하여 노벨문학상이 주어졌는지 알게 되었다. 가난한 농민의 처절한 생존투쟁을 격한 어조로 표현한 그의 문학적 이념도 이해할 수 있었다.

푸르면서 황량한 지평선으로 뻗은 들판을 마주하였다. 순간 락스네스도 스스로 여행자가 되어 매일 황량한 들판을 헤매며 계곡의 바람과 산의 소리에 귀를 기울였을 거라는 생각이 들었다. 난 그런 곳에 가면 혼자가 되고 싶다. 20여 년 전 40대의 나이에 찾아간 에밀리 브론테의 『폭풍의 언덕』의 배경인 하워드 황야를 찾아갔을 때도 마찬가지였다. 그곳도 여기처럼 비바람이 끊임없이 불었다. 누구든 그런 곳을 찾으면 외롭지만 행복한 여행자가 된다. 마냥 혼자가 되고 싶다. 그냥 조금 뒤에서 걷는 누군가 있기를 원할 따름이다. 오른쪽으로 알맞게 솟아오른 회갈색 산을 한동안 쳐다보았다. 에밀리 브론테가, 락스네스가 저기에 서 있다. 뜨거운 태양 아래 짧은 그림자를 끌던 그도 저기에 있다. 문학이란 언제나 혼자만의 독백이지만 마음의 짝을 간절히 원하는 것, 더 직설적으로 말하면 모든 것을 잊게 하고 모든 것을 떠올려 주는 'the best drug'가 아닐까 싶다.

작가의 집을 찾아갈 때면 나는 늘 존재란 무엇인가를 생각한다. 존재란 육신과 정신이 아닌 신성한 가치로 이루어진다. 그 존재를 맞이하는 영혼은 환희와 기쁨으로 가득 차므로 아무리 멀어도 멀지 않다. 가장 숭고한 존재는 책 속에 있다. 외롭고 고통스럽지만 끊임없이 글을 쓰는 작가에게 존재란 책이 아닌가. 이러한 마음으로 나는 그의 거실로 들어섰다.

실내는 따뜻했다. 집에 들어선 순간 눈에 띈 것은 방과 복도의 벽마다 걸려있는 친구들이 선물로 준 그림이다. 주인이 막 산책을 나간 듯 깔끔하게 정돈된 응접실 탁자 위에는 서너 권의 책이 펼쳐져 있다. 곁에는 부인이 마지막까지 손에서 놓지 않았다는 뜨개질감이 놓여있다. 2층의 작은 서고와 집필실에도 벽을 따라 책들이 빈틈없이 꽂혀 있다. 창문으로 내려다본 시골 산야도 한쪽의 책이다.

그는 이 방에서 적적한 대지에 삶의 뿌리를 내리려는 숱한 주인공을 창조하였다. 그들과 함께 아이슬란드의 빙원에서 펼쳐지는 시련을 이야기하면서 40여 년 동안 노벨문학수상작 ≪독립적인 사람들≫을 비롯하여 다작의 집필을 했다. 가난한 농민의 아들로 태어나 세계적 명성을 얻었지만 그의 삶은 변하지 않았다. 신선한 공기를 마시기 위해 일찍 일어났고 촉촉한 광야를 즐겨 거닐었고 따뜻한 식사를 앞에 두고 아내와 소담을 나누었을 것이다. 그렇게 늙어간 그는 레이캬비크 시민의 품에 안겨 생을 마감하였다. 평범 속의 비범한 하루하루가 작가의 길이라면 그만큼 제 길을 지켜온 작가도 드물 것이다. 이러한 그의 생애가 국제펜대회 유치에 좋은 영향을 주었음은 말할 필요가 없다.

2013년 9월 9일 월요일 아침이다. 이날부터 14일까지 제 97차 국제펜대회가 열렸다. 정식 총회 개막은 다음날이었다. 나는 행사 내내 가져온 춘추복 양복 한 벌로 버텼다. 연명한다는 말이 있지만 옷 연명이라는 신세가 있을 줄은 꿈도 꾸지 못했다. 분홍빛과 자줏빛 넥타이 두 개로만 변화를 주어야 했으니 적지 않게 체통을 구긴 셈이다. 올해의 국제펜대회의 주제는 '언어의 권리와 언론의 자유'이다.

총회는 노벨문학상 수상자로서 투옥되었던 중국 작가 모옌慕言의 시 'Song of October'를 낭송하는 것으로 시작되었고 워크숍에서는 분야별 사례 발표와 제안이 이루어졌다. 저녁마다 각종 명목의 만찬이 아이슬란드 음악을 배경으로 조촐하게 베풀어지면서 노르딕 하우스의 밤은 무르익곤 했다. 폐막식에서는 펜과 문자가 세계의 자유를 지켜내는 강력한 무기라는 각오로 마무리되었다.

귀국하는 새벽에도 비가 세차게 내렸다. 검은 빗줄기가 인적 없는 가로등 불빛에 제 모습을 일순 드러냈다가 이내 길바닥에 꽂혔다. 앞에는 차가운 바람이 불고 좌측으로는 북극해 파도가 변함없이 요동을 쳤다. 아이슬란드어로 적힌 레이캬비크 시내의 간판만이 태연히 밤빛을 받고 있었다. 오로라의 나라인 아이슬란드와 문학의 도시 레이캬비크를 떠나 한국의 무더위 속으로 데려다주는 공항버스는 원두커피 빛 어둠에 싸인 공항에 나를 내려놓았다. 잠든 시내와 달리 공항 대합실은 아이슬란드의 내일을 보여주는 활기가 넘쳤다. 79차 국제펜 국가대표라는 영광스러운 내 이름표는 여행 가방 속에 얌전히 들어갔고 나도 조용히 창가 좌석에 앉았다.

오슬로를 거쳐 헬싱키로 향하는 핀 에어 항공기가 요란한 엔진 소음을 뒤로 남기며 구름 위로 올라섰다. 흰 구름 사이로 드러난 아이슬란드의 하얀 빙원이 한마디 '바이'라는 말을 던지고 다시 구름에 덮여 버렸다. 바이킹의 후예가 세웠고 문명률 100%를 자랑하는 나라, 크리스마스 선물로 책을 주고받는 나라, 상점 간판에 그들만의 언어를 고집스럽게 지켜오는 나라, 무엇보다 북극 밤의 색깔이 커피 빛임을 가르쳐준 나라. 나는 그 나라의 밤낮을 추억하며 스튜어디스에게 따뜻한 블랙커피 한 잔을 주문했다.

드라서뷔이체, 마나스 신화

비행기는 서쪽 지평선을 향하여 날기 시작했다. 달마대사가 갔던 동쪽과 반대로 중국 대륙을 가로질러 비행기가 착륙하려는 도시는 키르기스스탄의 수도 비쉬켓이다. 키르기스스탄은 40인이 다스리는 40개 부족이 사는 성스러운 땅이라는 뜻이다.

키르기스스탄이라는 나라를 색깔로 표현하면 흰색과 초록과 황톳빛이다. 비행기에서 내려다본 대지는 누렇다. 강을 낀 들판이 초록이라면 석양빛을 반사하는 만년설은 희다. 산허리 수목 밑 텐산산맥 사이로 뻗은 도로가 황톳빛이라면 초록 초원 기슭에 방사된 산양들은 잔설처럼 흴 것이다. 그래도 전체의 색조는 황색이다. 그 덕분에 황인종 피부를 가진 필자는 어색하지 않게 중앙아시아 대지를 밟을 수 있었다.

늦은 석양빛을 받으며 비행기가 마침내 비쉬켓의 마나스 국제공항에 도착했다. 건국 영웅의 이름을 본뜬 공항은 1970년대 후반기의 김포공항을 연상시켜 주었다. 양가죽으로 만든 전통모자인 칼팍을 쓴 시골풍 노인들과 화려한 무늬가 박힌 붉은 옷을 걸친 아가씨들이 이국땅임을 확인시켜 주었다. 덥석 안기듯 다가온 설산을 경이감으로 지켜보며, 거친 러시아어를 내뱉는 경비병들에게 조금은 긴장하면서 4박 5일간 펼쳐질 국제펜대회 일정으로 들어섰다.

드라서뷔이체.

'안녕하십니까.'라는 러시아말이다. 공항에서 버스를 타면서, 호텔로 들어서면서, 나에게 건네진 인사는 러시아어였다. 키르기스스탄에서 러시아어로 인사를 받는 기분은 내가 미국에서 들었던 '웰컴'과 분명 달랐다. 영어가 소용이 없어져 버렸다는 낭패감과 이 나라 언어로 인사를 듣지 못한 섭섭함이 어울린 것이었다. 문득 생뚱스럽게 "태초의 말씀이 계시니라."는 요한복음의 첫 말이 떠올랐다. 그것은 "태초에 인사가 있어…."라는 신과 인간과의 인사법이 아닐까라는 생각으로 이어졌다.

국어의 힘을 느낀 순간이기도 했다. 정치적으로 독립했더라도 문화적으로 자립하지 못하면 완전한 주권국가라고 말하기 어렵다. 러시아의 지배를 받았던 과거사에서 한때 일본의 식민지였던 우리나라의 아픈 역사를 떠올리며 나는 러시아어가 모국어가 되어버린 나라로 들어섰다.

"My Story, My Language, My Freedom"

이것은 2014년 9월 29일부터 10월 2일까지 제80차 국제펜대회 정신을 요약한 표어이다. 누구든 자신의 말과 글로 쓴 이야기를 가진 사람은 자유로울 수 있다. 그리고 자유로워야 한다. 이것은 개인도, 부족도, 민족도 마찬가지다. 자신의 고유의 말과 글을 가지는 한, 그 민족은 쓰러지지도 않고 사라지지도 않는다. 언어가 아니라 활과 대포로 주변 국가를 정복했던 청 제국은 세계사의 뒤켠으로 사라졌다. 아무리 부강한 국가일지라도 제 말이 없으면 미국처럼 문화 콤플렉스를 갖는다. 반도의 나라 한국이 비록 4대 강국에 둘러싸여 있을지라도 G20의 일원으로서 자존심을 지켜오는 동력은 경제력이 아니라 한류를 일으키는 한글이 아닐까. 그 점에서 국제펜대회의 진정한 손님은 제나라 말을 가진 국민일 것이다.

서역인들은 먼 나라 사람이 아니다. 자세히 볼수록 지금도 시골에 살고 있는 일가친척을 떠올려준다. 비슷한 피부색과 조금은 딱딱한 표정까지 우리를 닮았다. 그들에게도 경작할 땅이 있고 집에서 키우는 가축이 있다. 저녁이면 조국을 구한 영웅의 노래를 부르고 낮이면 이웃 손님을 반긴다. 낯설지만 낯설지 않은 이유가 날이 갈수록 늘어만 갔다.

행사 중에 겨울 하루의 오후 시간을 내어 시내 구경에 나섰다.

따뜻한 햇살과 촉촉한 가을비가 번갈아 나를 반겼다. 시내 중심지는 전체주의 국가답게 도시계획에 맞추어 구획되어 있다. 재빠른 걸음이라면 한 시간 만에 족히 횡단할 수 있는 구역에는 '혁명전사의 광장'을 위시하여 시청, 국회의사당, 역사박물관, 서커스 극장, 모스크 사원, 그리고 백화점과 호텔이 적당한 거리를 두고 정렬하듯 자리해 있다. 텅 빈 광장에는 그들 영웅들의 동상이 시민의 일상을 지켜보듯 높다랗게 세워져 있다. 재래시장과 시민들의 주택은 이 건물들을 에워싸듯 멀찍이 떨어져 있다.

마나스 동상 앞에는 가로수가 우거진 공원이 있어 들어서기만 하면 자동차의 경적 소리가 사라져버린다. 도시의 심장이랄까. 새소리가 어울린 고목이 여행자의 긴장을 풀어준다. 김광균 시인은 낙엽을 "헝가리 망명정부의 지폐"라고 하여 공산주의 국가의 빈곤과 무력감을 표현했지만 이곳에도 사람들이 산다. 중학생들이 조깅을 하고 어린 아기 엄마들은 유모차를 끌며 한가롭게 산책하고 있다. 서툰 영어로 외국 여행객에게 말을 건네는 고등학생도 만난다. 한때 공산주의 국가였다는 사실을 잊어버릴 정도로 공원은 평화롭고 조용하다. 진정 여기가 키르기스스탄의 과거와 현재, 민족과 국민, 신화와 역사, 그리고 문학과 삶이 어울린 곳이다.

키르기스스탄의 역사와 전설과 문학은 마나스에서 시작한다. 마나스는 중국의 침략에 맞서 싸운 구국의 영웅이다. 공항, 광장, 대학, 박물관에 그의 이름이 붙어있다. 마나스 신화는 며칠 동안 이야기해야 할 만큼 20만~30만 행으로 이루어진 세계 최장의 서사시라고 한다. 그는 그들에겐 살아있는 인물이다. "마나스가 실제 인물이 아니지요?" 라고 외국인이 물으면 그들의 대답은 한결같다. "당연히 그는 실존한 인물이지요." 그래서 키르기스스탄 국기에 그려진 40개의 붉은 방사선은 마나스를 호위했던 기사들을 나타낸다.

마나스와 함께 기억할 고려인이 있다. 고승지 장군이다. 고승지 장군은 고구려가 망한 후 당나라의 장군이 되어 740년경 병력 2,000명을 이끌고 톈산 산맥 서쪽을 정벌한 공으로 사진도지병마사四鎭都知兵馬使에 올랐다. 어쩌면 고승지 장군이 톈산 산맥의 어느 산줄기에서 서로 장검을 겨누었던 상대가 마나스일지도 모른다는 생각이 들었다.

토크목시市가 이태백의 고향임을 아는 사람은 많지 않다. 비쉬켓에서 동쪽으로 약 80km에 위치한 토크목은 이식쿨 호수에 살 때 거지는 도시로서 키르기스스탄을 지키는 관문이다. 아직도 불상이 발굴될 정도로 불교 유적이 많지만 최근 주목받는 이유는 이태백의 고향이기 때문이다. 이태백의 행적에 논란이 분분하지만 확실한 것은 그가 어린 시절에 아버지의 손에 이끌려 중국 장안으로 들어갔다는 사실이다. 그래서 그는 "서역이 그립다."고 노래하였고 스무 살에 중앙아시아를 방문하여 초병이 가족을 그리는 〈관산월〉이라는 시를 지었다. 달이 비치는 호수에 술에 취해 몸을 던진 이유도 세계에서 두 번째로 크다는 이식쿨 호수에 대한 본능적인 향수 때문이라 여겨본다.

이곳 사람들에게 톈산산맥은 아버지의 등과 같다. 말고기와 양고기를 먹고 토마토와 감자와 양파와 오이를 가꾼다. 대부분이 이슬람교를 믿고 주로 중매결혼을 한다. 도시나 농촌을 가리지 않고 똑같은 모양의 창문을 달고 있는 단층집은 전체주의 사회의 유물임을 보여준다. 도시를 조금만 벗어나면 황톳빛 산과 푸른 초원이 함께 나타난다. 포장이 안 된 낡은 길과 늙은 가로수가 고갱의 그림을 연상시켜준다. 그래, 지금 여긴 가을이야. 내 어릴 적 살던 그때 그곳의 가을과 같아.

이곳에 80여 년 전 고려인들이 정착했다. 그들은 스탈린의 강제이주 정책에 의하여 사할린으로부터 이곳으로 왔다. 시베리아 횡단기차에 짐짝처럼 실려 거친 바람이 부는 황무지에 버려졌다. 먹을 것도 입을 것도 거의 없었고 잠자리마저 여의치 않았다. 죽든 살든 알아서 하라는 것이다. 움막을 세우고 옥수수를 심고 채소를 가꾸었다. 그들은 죽지 않았다. 그리고 세월이 지나 어느 다른 소수민족보다 부유한 삶을 일구었다. 지금 그들의 후손 2만여 명이 이곳에 산다. 1,200여 명의 한국교포와 유학생도 살고 있다.

고려 유민을 만날 기회가 있을까. 운이 좋으면 한두 명은 만날 것이다. 살진 옥수수밭과 호수 건너 설산을 지켜보면서 이 기대는 사라지지 않았다. 저 멀리 바라보이는 조그만 단층집이 고려인 그들의 집일 것만 같았다. 이런 상상을 일깨우기라도 하듯 초원 위로 낮게 날아가던 까마귀가 소리 내어 운다.

유르트는 유목인들이 살고 있는 전통가옥이다. 유목생활 때문에 유르트는 두세 시간 만에 짓거나 해체할 수 있다고 한다. 겉은 단단한 나뭇가지로 엮여 엉성하게 보이지만 안으로 들어가면 놀라게 된다. 고급 가구가 없을 뿐, 원형의 벽과 바닥이 화려한 양탄자로 빈틈없이 덮여 있다. 뿐만 아니라 그들의 예술은 화려하기만 하다. 키르기스족과 위구르족과 티베트족들의 무용과 음악은 역동적이었다. 전통댄스인 '조깅 호스'(jogging horse)에는 기마민족의 기백과 낭만이 넘쳐난다. 초원지대부터 산 정상에 이르기까지 달라지는 색깔로 옷을 깁고, 노래와 춤을 지어낸 것이 아닐까. 그게 아니면, 자신들의 언어를 춤을 통하여 지켜 오고 있는지도 모른다.

"우리는 석유가 없지만 석유보다 더 중요한 변화와 자유로 산다." 이것은 제80차 국제펜대회를 주관한 키르기스스탄 펜 회장이 폐회식에서 작별 인사로 한 말이기도 하다. 변화와 자유 이것은 문학의 정신이면서 한 나라의 꿈과 이상을 존속시켜 주는 영혼이다.

톈산산맥에서 흘러내리는 저녁 햇살을 받으며 귀국 비행기에 몸을 실었다. 짧은 체류이지만 만년설의 산맥, 하얀 칼팍 모자, 황톳빛 시골길, 짙푸른 호수, 그리고 군무를 추는 아가씨들의 미소를 가슴에 품었다. 사할린에 살았던 고려인을 만나지 못한 아쉬움이 있었지만 한류의 원조를 그들에게서 찾는 보람이 있었다.

수줍은 눈매를 가진 소녀와 비행기 좌석에 나란히 앉았다. 그 여학생은 지금까지 고향을 떠나 다른 도시에 가 본 적이 없고 외국 나들이도 처음인데 부산에 있는 대학으로 유학을 간다 했다. 홀로 세상의 문을 두드리는 당찬 서역의 아가씨였다. 한국어를 배우는 것이 자신의 꿈이라는 16세 여고생, K팝을 좋아한다는 이국의 여고생, 현지에서 러시아어를 통역해준 김해 산다는 한국 유학생 김양과 이 학생이 바로 키르기스스탄과 한국을 이어주는 미래이다. 희망으로 반짝이는 그녀의 눈빛에서 톈산산맥을 오르내리며 양 떼를 지켰던 여인들이 이어온 삶의 핏줄을 읽는다. 언젠가 이 학생은 '드라스뷔이체' 대신에 '안녕'이라고 인사할 것이다.

파리보다 더 파리다운 퀘벡

나 언젠가 찾아가리라, 강폭이 좁아지고 사갈의 눈이 내리는 마을로 가리라 하였다. 겨울 나그네가 며칠 머물만한 곳으로 가리라 하였다. 지구상에서 그곳이 어디에 있을까. 그곳이라면 마땅히 봄에는 꽃향기로 숨 막히고, 여름에는 숲 그늘로 땀이 식고, 겨울이면 눈으로 며칠 인적이 끊겨야 하리라. 그곳이라면 강물조차 단풍보다 붉은 핏빛으로 흐르리라. 사랑처럼 단풍의 절정도 짧고 짧으니 그곳은 어떤 곳일까.

그 꿈을 실은 비행기는 동쪽으로 향했다. 달마대사도 동쪽으로 향했던가. 흰 고니 모습의 비행기는 저무는 해의 꽁무니를 숨 가쁘게

좇으며 9시간 만에 태평양을 횡단했다. 연이어 북미대륙을 약 5시간 가로질러 밴쿠버에 기착하였다. 짐을 찾아 붉은 단풍 로고가 새겨진 캐나다 항공으로 갈아탄 지 두 시간 후 '언젠가 찾아가리라' 꿈꾸었던 퀘벡에 도착했다.

퀘벡은 바다 한가운데 떠 있는 섬 같다. 전 세계적으로 막강한 영어가 포위한 가운데 외롭게 불어를 고수하는 도시가 퀘벡이다. 퀘벡 주의 허파 같은 퀘벡은 자연과 문화와 언어가 특이하다. 캐나다의 자랑거리를 넘어 유네스코가 도시 전체를 인류문화유산으로 지정할 만큼 독특한 풍취를 지닌 유서 깊은 항구 퀘벡은 파리보다 더 파리답다는 칭송을 듣는다. 세인트로렌스 강에 위치해 북미주의 '지브랄타'로 불리는 퀘벡은 인디언 말로 '세인트로렌스 강폭이 좁아지는 마을'이라는 뜻이다.

퀘벡이 불어를 사용하게 된 유래는 미주대륙의 개척 시절로 거슬러 올라간다. 이곳에 발을 디딘 최초의 유럽인은 프랑스 탐험가 자크 가르티에로서 1535년에 현재의 퀘벡인 스태더코나 지역에서 인디언 마을을 발견했다. 이 후 백인들은 정착 기지를 건설하여 모피 교역을 발전시켰고 프랑스 개척민들은 인디언들과 분쟁을 일으키며 영토를 넓혔다. 모피 교역의 발전을 지켜본 영국인들이 오하이오 지역으로 진출하면서 영불전쟁이 일어났다. 1759년 제임스 울프가 지휘하는 영국군이 프랑스령 캐나다의 수도인 퀘벡을 함락시키면서 주도권은 영국에 넘어갔다.

그러나 언어와 관습과 종교가 다른 프랑스인들은 영국 문화를 받아들일 수 없었다. 할 수 없이 영국은 1774년에 퀘백법을 제정하여 프랑스의 문화와 종교와 언어를 사용할 수 있는 권리를 승인하였다. 1960년대에 트뤼도 수상이 영어와 불어를 캐나다의 공식 언어로 선언하였지만 퀘벡주는 불어를 공식 언어로 채택하였다. 1980년과 1995년 두 차례에 걸쳐 퀘백 독립을 위한 국민투표가 실시되었지만 과반수에 미달되어 무산되었다. 이것이 퀘벡에 프랑스의 문화가 깊게 뿌리내린 이유이다.

10월 12일 도착한 퀘벡의 가을 단풍은 절정이었다. 프랑스의 전통과 문화를 지켜내는 세인트로렌스 강변 마을의 하얀 주택은 알프스 구릉 마을을 연상시킬 정도로 기품 있게 자리하고 있었고 강변 가로수마다 오색 천을 드리우고 있었다. 구시가지의 좁다란 거리를 또각거리며 관광객을 실어 나르는 마차들의 덮개 위에도 노랗고 붉은 단풍이 점점이 묻어 있었다. 언제 이곳에서 영국과 프랑스가 격렬한 전투를 벌였던가. 대포를 앞세운 요새 안에서 잠시 머물렀던 역사도 이내 저 강물처럼 흘러간다. 땅을 차지하기 위해 치열하게 싸운다 하더라도 누구든 땅을 영원히 가질 수 없다. 가을 시간 속에 묵묵히 서 있는 저 나무들이야말로 진정 땅의 주인이 아닐까.

퀘벡에서 국제펜총회가 열린 이유는 언어의 섬이기 때문이다. 불어로 표기된 상가 간판은 프랑스어의 자존심을 보여 주듯 좁다란 도로에 일렬로 달려 있다. 필자는 지금까지 영어를 전공한 덕분에 언어소통에 불편을 겪은 적이 거의 없었지만 퀘벡에 도착하는 순간 영어는 무용지물이 되어버렸다. 국제펜클럽의 설립 취지 중의 하나가 세계 각 지역의 언어를 보존하려는 것임을 인정하지만 "봉주르", "메흐스" 등 몇 단어만 기억하는 필자에게 퀘벡인들은 고집스럽게 혀를 더 꼬부리며 불어로 말을 붙여 왔다. 언젠가 프랑스에서 들었던 때보다 더 우아하게, 더 기품 있게 불어를 주고받는 그들을 지켜보면서 문득 19세기 프랑스의 읍내로 들어온 것 같은 착각에 빠졌다. 하지만 걱정하지 않았다. 그들과 나 사이에 통용되는 진정한 언어는 따뜻한 미소와 시선이니까. 몸말이 세계 공통어이니까.

2015년 국제펜총회의 모토는 "번역 · 창조 · 자유"(Translation · Creation · Freedom)이다. 연두색, 갈색, 주황색, 분홍색, 하늘색, 선홍색으로 이루어진 육각형 로고 문양이 동양과 서양의 문화가 어울렸다는 느낌을 전해 주었다. 10월 13일, 작년에 작고한 펜 회원들을 위한 묵념으로 시작된 총회는 멕시코 펜 회장이었던 제니퍼 클레멘트(Jennifer Clement) 여류작가를 새 회장으로 선출하였다. 뉴욕 대학에서 영문학과 인류학을 전공하고 파리에서 프랑스 문학을 공부하였으며 스페인어를 유창하게 구사하는 다문화 문학인이 회장으로 선출된 것은 앞으로 국제펜 본부가 지향할 방향을 암시해 준다.

문학은 행복과 정의와 자유를 추구하려는 예술 활동이다. 이러한 이념을 추구하고 실현하려는 목적이 국제 펜클럽과 각국의 지역 펜클럽이 존재하는 이유이다. 펜(PEN)이 시인과 에세이스트와 소설가의 첫 글자로 이루어져 있지만 펜클럽의 회원은 이들 작가 외에 언론인, 출판인, 번역가들이 포함되어있다. 사이버 시대를 맞이하여 인터넷 작가, 인터넷 운영자까지 가입하고 있는 추세는 문학의 새로운 양상을 반영한다는 것을 의미한다.

10월 16일 퀘벡에서 마지막으로 맞이하는 태양이 세인트로렌스 강변에 내려앉을 무렵 선상 작별파티가 시작되었다. 강변 단풍나무는 석양을 받아 더욱 붉게 물들고 물새 떼들은 끊임없이 줄을 지어 강물 위로 빗금을 그었다. 배 안에는 작별을 아쉬워하는 세계 문인들이 폴카 춤을 추고 있었다. 문인이란 열정과 감성과 사랑을 주체하지 못하는 별종이 아닌가. 그들은 강 위에 떠 있는 유람선 위에서 그들의 문학적 상상을 새들처럼 펼쳐내었다. 작별의 파티장에는 국적도, 언어도, 남녀도, 종교도 구분이 없다. 오직 세인트로렌스 강물 같은 문학에 대한 사랑이 유유히 흐를 뿐이다. 제79차 총회가 열린 아이슬란드의 레이캬비크와 80차 총회가 열린 키르기스스탄의 비쉬켓에서 알게 된 멕시코 출신의 여류작가 에일린은 "샬뤼"라고 말하며 작별의 키스를 해주었다. 쿠폰 두 장으로 바꾼 맥주 한 잔과 화이트와인 한 잔으로 어찌 마음이 뜨거워질 수 있는가. 그녀의 따뜻한 온기를 느끼며, 숙소로 돌아오는 동안 퀘벡의 싸늘한 공기는 따뜻한 비단처럼 부드럽기만 했다.

적황색 황혼이 짙게 깔린 강 수면을 가로질러 나르는 새떼를 보며 나도 모르게 중얼거렸다.

“새들에겐 국경이 없다.”

마지막 날 17일 새벽, 태양이 아직 떠오르지 않은 어둠 속에서 퀘벡을 떠나는 짐을 꾸렸다. 청명한 날씨와 우산이 필요 없을 만큼의 가랑비가 교차하던 3일 동안 퀘벡의 단풍에 혼절할 뻔했던 시간도 추억의 갈피에 끼워두어야 한다.

퀘벡 공항으로 향하는 새벽의 거리는 조용히 잠들어 있었다. 그러나 퀘벡 주민들의 의식이 늘 깨어있음은 잠들지 않은 불어 간판으로 알 수 있었다. 그것을 알려주는 것이 자동차의 번호판이다. 퀘벡에 주소지를 둔 자동차 표지판에는 불어로 이렇게 쓰여 있다.

“Je me souviens.”

“나는 기억한다.”

퀘벡인들은 무엇을 기억할까. 그들이 이 땅의 첫 개척자라는 긍지를, 영국과의 전쟁에서 패배한 아픔을, 그들 고유의 언어와 관습을 지켜낸다는 각오를, 언젠가는 독립 국가를 이루어야 한다는 사명을 기억하라는 뜻일까. 잊지 않는 것, 이것이 곧 문학의 힘이다.

갈리시아에서 나를 만나다

이륙한 비행기는 12시간 동안 기수를 서쪽으로 고정시켰다. 그곳엔 말로만 듣던 산티아고가 있다는 생각으로 시간이 지날수록 마음이 설렜다. 물기 없는 빵을 씹으며 가죽신을 신고 중세 순례자들이 걸어가던 길을 비행기에서는 영화를 보고 열차에서는 클래식 음악을 들으며 간다. 무척 미안하면서도 할 수만 있다면 걷고 싶다는 아쉬움과 서운함이 밀려온다.

스페인은 유럽의 일부이면서 인종과 종교가 다르다. 북으로는 피레네 산맥, 남으로는 지브롤터 해협 덕분에 대륙의 외침으로부터 비교적 자유로웠던, 해가 떨어지지 않는 나라라는 영광의 시절도 있었다. 32,000년 전의 알타미라동굴 벽화, 유랑의 핏줄을 이어받은 집시,

소의 거친 호흡이 멎어야 끝나는 투우, 현란하게 회전하는 플라멩코 무희, 황토 대지를 푸르게 덮은 올리브 과수원, 로시난테를 타고 풍차를 향해 돌진했던 돈키호테, 인도를 가려다 신대륙을 발견한 콜럼버스, 넬슨 제독에 의하여 격파당한 무적함대, 유럽의 현대사를 바꾼 스페인 내전, 양민 학살을 그린 게르니카와 피카소, 연상의 간호사를 짝사랑한 헤밍웨이, 그리고 끊임없는 정변으로 혼란이 이어지는 나라라는 기억이 겹쳐진다.

짧은 기간이지만 내가 목격한 스페인은 가톨릭과 황토의 나라이다. 작은 도시에도 금빛 성물聖物로 치장된 성당이 서넛 있고 광장마다 대리석과 벽돌이 깔려있다. 영어와 불어권에 인접해 있으면서 스페인어를 국민의 자부심으로 지켜온다. 그 자산만으로도 스페인은 유럽의 당당한 일부이다. 게다가 갈리시아 지방에서는 그들만의 갈리시아어를 사용한다. 로망스 계통으로 포르투갈어와 스페인어의 중간 형태이지만 로마 문자로 표기한다.

9월 24일 토요일 오후, 낙엽이 떨어지는 마드리드 공항에 내린 후 하루를 유숙했다. 82차 국제펜총회에 참가하게 된 덕분이다. 다음날 오후열차를 타고 개최도시 오렌세에 도착한 때는 초저녁이었다. 포르투갈과 국경을 가까이 둔 스페인 북서쪽 갈리시아 지방에 자리한 오렌세는 로마군단이 대서양에 다다르기 위해 거쳐야 했던 전략도시이기도 하다. 그러나 유럽인에게는 온천휴양 도시로 알려져 있듯이 리오 강변을 따라 숲이 우거져 있고 도로마다 노천카페가 줄지어 있어 보는 것만으로도 마음이 느긋해진다.

오렌세에는 반드시 들러야 할 두 명소가 있다. 호텔에 짐을 풀자마자 지도를 들고 로마시대에 만들었다는 세계 최초의 석교를 찾아갔다. 100여 미터 남짓한 길이와 마차 두 대가 지나갈 폭과 20여 미터 높이를 지닌 아치형 석교 아래에는 짙은 녹색 강물이 굽이쳐 흐른다. 하지만 곳곳마다 정복당한 노동 노예들의 피가 돌바닥마다 흘렀을 터. 그 다리를 기념하는 밀레니엄 폰테다리가 2000년에 곁에 건설되었다. 스페인인들은 현대식 현수교를 건설하면서 1492년 세 척의 배를 끌고 신대륙을 찾아낸 콜럼버스의 영광을 재현하려 했을지도 모른다.

구시가지 한복판에는 400여 년 전에 건축된 오렌세 성당이 자리하고 있다. 일요일 오후, 5페소를 지불하고 운 좋게 입상했다. 유럽의 많은 성당을 구경했지만, 이 성당만큼 경탄과 경악의 건축 예술을 지닌 곳을 단연코 보지 못했다. 캔터베리대성당조차 여기에 비하면 허우대뿐이랄까. 가톨릭의 영광과 수난을 보여주는 황금 벽화와 흑단 조각과 갖가지 예배용 성물들이 전시되어 신의 궁전이고 신부의 성소이며 가톨릭 박물관으로 손색이 없을 정도이다. 구석 어디선가에서 검은 사제복을 걸친 유령이 나올 듯, 천장을 장식한 황금 부조에서 천사의 나팔이 울릴 듯, 3시간이 아니라 3일조차 모자랄 정도로 금박 무늬 성당 내부는 넓고 밝았다. 이곳 또한 발소리를 죽여 순례하여야 할 성소이다. 그때만이 절대자와 대면하고 종교예술의 신성함에 동화

될 수 있다.

왜 산티아고에 가는가. 그곳엔 무엇이 있으며 무엇을 얻을 수 있는가. 그 질문의 답을 찾으려는 그날 오전에는 간간이 비가 뿌렸다. 옷깃을 가볍게 적셔줄 분량의 비는 목마른 순례자들에게 서늘한 생기를 불어넣어 주는듯하여 반가웠다. 나지막한 언덕을 따라 낮은 구름이 잇대어있고 푸르고 누런 들판에는 비포장 황톳길이 숨바꼭질하듯 기차선로를 따라오고 있었다. 어디쯤에선가 건초를 가득 실은 소달구지가 나타날 만큼 농촌 풍경은 평화스러웠다.

기차를 탔지만 마음으로는 등짐을 지고 흙 묻은 구둣발로 걷는 중세 순례자가 된다. 순례자란 아침이면 짐을 꾸리고 저녁이면 짐을 푸는 사람이다. 올리브 숲에서 조차도 홀로 걷는다. 인생의 길이란늘 "더불어 그러나 홀로(together but alone)"이다. 오늘만큼은 책을 읽지 않으리라. 말도 하지 않으리라. 남의 말에 귀 기울이지 않으리라. 오직 온몸을 열어 산티아고를 맞이하리라. 오늘만은 나를 위해 깨어있으리라. 차창 밖을 내다보며 끊임없이 "나는 마침내 산티아고에 간다."고 속삭였다.

제82차 국제펜총회가 열리는 오렌세에서 기차를 탔을 때는 주변이 캄캄했다. 어느덧 선로에서 반사되는 은빛이 선명해지고 마을 등불이 하나둘 줄어들었다. 산티아고 역에 기차가 들어섰다. 은하수를 따라 프랑스에서 출발한 순례자들이 두 달이 지나면 산티아고 데 콘포스텔라성당에 도착한다. 조개 모양의 도로 표지판이 이어진 800km에 이르는 영성의 순례는 현대의 여행자들도 한번은 걸어보고 싶은 노정이다. 파울로 코엘료도 젊은 나이에 이곳을 순례하고 대학 학업을 중단한 채 작가의 길로 들어섰다.

올해 65. 대학 정년을 넉 달 앞둔 9월 말이다. 무엇을 또 그만둘까. 아니면 무엇을 새로 시작해야 하나. 그 기간은 유수 같은 세월이지만 내겐 언제나 격류였다. 겉보기와는 달리 아슬아슬한 모퉁이도 적지 않았다. 그럴 때마다 나에게 한 말은, "언젠가 모두 지나가리라."라는 자기위로였다.

산티아고 대성당은 야고보 성자의 유해를 안치한 성지이다. 야고보가 안치된 성당에 들어서면서 다시 종교 예술의 위용에 압도당하였다. 지나친 치장이 아닌가라는 회의도 일어났다. 가까이 다가갈수록 보이는 것은 직선과 곡선의 조합뿐이고 성자 조각상도 인체의 골격으로 드러난다. 대성당 구석구석을 순회하면서 그러한 회의는 짙어만 갔다.

성당건물에서 멀어지기로 했다. 진정 그립고 보고픈 것은 멀리 두어야 한다. 위대한 것일수록 가까이 두면 제 모습을 볼 수 없다. 성당 안으로 들어가는 관광객들의 방향과 달리 기념품 가게골목을 따라 걸었다. 이른 아침 탓에 한적한 골목에는 배낭을 멘 순례자들만이 하나둘 지나갔다. 그들에게 경외의 시선을 던지며 길을 건너, 사람을 비켜, 공원 숲으로 들어섰다. 홀연 빨간 농가 지붕들 위로 우뚝 솟은 성당이 보였다. 산티아고 어디서든 볼 수 있도록 언덕에 자리 잡은 성당의 첨탑이 아침 햇살에 반짝였다. 은빛 광채가 화살촉이 되어 심장에 박힌 듯 일순간에 숨이 막혔다. 화려함보다는 숭엄한 기세가 충격적 인식을 준다는 점을 새삼 깨닫는 순간이었다.

한적한 숲길 옆 벤치에 앉아 신발과 양말을 벗었다. 발바닥으로 스며드는 대지의 신선한 기운이 머리 위까지 올라왔다. 신발과 양말이 이토록 거추장스럽다는 점을 알지 못했다. 그 시간은 4년 동안 순례 같은 집필을 해온 구름카페문학상 수상자 작품론의 마지막 원고를 바그다드에서 전송한 이틀 후, 2016년 9월 27일 화요일 11시이다.

> 산티아고에는 홀로 가라. 그것이 아니면 산티아고에서는 홀로 되라. 사람들이 오가는 길목에서조차 홀로 남아라. 홀로 있으면 눈이 제대로 뜨이고 내 보폭으로 걸을 수 있다. 단 하루라도, 아니면 단 한나절이라도 홀로됨을 지켜라. 그때 비로소 세상 모든 것이 두렵지 않으면서 사랑스러우리라.

일행과의 약속 탓에 발길을 돌렸다. 산티아고 성당이 올려다 보이는 노천카페에서 점심으로 생선요리를 주문했다. 오늘만큼은 넉넉한 성찬을 먹고 싶었다. 지금껏 나의 정신을 지탱해준 몸 육신에게 베푸는 대접이랄까. 다시 찾아올지 알 수 없는 산티아고에 대한 나의 믿음도 핑계가 되었다.

4년에 걸쳐 계속된 집필도 마침내 끝났다. 다행스럽게 산티아고는 나의 기력이 고갈된 시점에 직장에서의 마지막 해를 보내고 문학도 일단락짓는 장소가 되었다. 아무튼 나는 다시 일어나 걸을 것이고 내 문학도 다시 시작할 것이다. 산티아고도 순례자들의 종점이지만 시작점과 종점은 극점이 아니라 원으로 묶으면 한 점이 된다.

다시 기차를 타고 코로나로 향했다. 산티아고에서 기차로 30여 분 떨어진 코로나는 대서양을 마주 보는 유럽대륙의 끝 항구 도시이다. 이곳에는 로마의 영광스러웠던 역사와 16세기 스페인의 불명예가 공존한다. 지중해의 패권자인 로마는 정예 군단을 파견하여 유럽 대륙의 태반을 정복하였다. 다리를 놓고 길을 뚫어 갈라시아 지방까지 영토로 삼았다. 마침내 대서양을 마주했다. 지중해의 하얀 태양과 호수 빛 바다에 익숙했던 그들이 광폭하고 괴이한 대서양 파도를 마주했을 때의 첫 느낌은 환희일까, 공포일까, 아니면 정복욕과 탐험욕을 다시 불태웠을까. 유럽 대륙을 지키기 위해 그들은 57미터 높이의 등대를 세우고 헤라클레스 탑이라는 거창한 이름을 붙였다. 대서양 건너편에 있을지도 모를 적으로부터 제 영역을 지키는 요새였다. 돌계단을 오르면서 로마 병사들이 밤낮으로 보초를 섰던 때를 떠올렸다. 가족과 고향마을을 떠나 거친 파도만을 밤낮 지켜보았을 젊은 병사들. 그들은 모두 사라지고 석탑 등대도 무너졌다. 역사의 냉혹한 소용돌이 속에서는 인간이란 언제나 패자이다.

코로나는 스페인의 무적함대가 정박했던 항구이다. 제국주의 시대를 열었던 스페인은 경쟁자 영국을 정복하기 위하여 150척이 넘는 무적함대를 대서양에 띄웠지만 태풍을 만나 한 달간 이곳에 정박하였다. 그 사실을 정탐한 영국해군은 무적함대를 공격하였지만 실제 스페인의 무적함대는 태풍에 의하여 패배된 것과 다름이 없다. 스페인 제국에서 대영제국으로 역사의 주인공이 바뀐 운명의 현장이 생겨난 것이다. 그래서 코로나는 스페인에게 치욕의 도시라 불린다.

형태만 겨우 남은 성은 무너지고 유물 박물관으로 개조되어 있다. 허물어진 등대, 녹슨 대포, 석탑 사이의 총구멍, 빈터에 멋대로 자라는 야생나무들 위로 푸른 하늘이 아낌없이 햇살을 내리비치고 있다. 1층 석벽에는 조각 나버린 인체상이 부상병처럼 안치되어 있다. 지하수가 고인 지하 석벽 천장에서 떨어지는 물방울 소리는 피아노 선율만큼 경쾌하다. 인간의 운명과 달리 자연은 오늘도 제 방식과 법칙에 따라 존재하고 있다.

이번 스페인 여행은 반은 운이 좋고 반은 운이 나빴다. 마드리드를 제대로 돌아보지 못했고 플라멩코 춤과 투우를 눈요기하지 못했다. 올리브 과수향기도 맡지 못했다. 촉박한 일정 탓에 스페인의 제 모습을 보지 못한 것이다. 그래도 반은 운이 좋았다. 유명하고 유서 깊은 성당 바닥에 무릎을 꿇었으며 산티아고 땅을 맨발로 만났으며 유럽 대륙의 끝 폐성에서 대서양 바람을 들여마셨다. 자연은 변덕스럽지만 때로는 자신을 찾으려는 사람을 인내심으로 기다려준다. 이것이 갈리시아에서 얻은 소중한 교훈 중의 하나이다.

어느덧 귀국할 때가 되었다. 스페인에 대한 생각에 제82차 국제펜총회 개최국이라는 라벨이 하나 더 붙었다. 야고보, 피카소, 돈키호테,

헤밍웨이, 그리고 집시, 투우, 올리브, 플라멩코… 이들로 이루어진 스페인과 갈리시아를 기억하며 12시간의 귀국 비행을 견디기로 한다.

"Muito Gracias." 영어 "Thanks so much"에 해당하는 갈리시아어이다.

3.

난 어떡하여

모든 출발에는 무엇인가 이상한 일이 있기 마련이다. 그것들이 내 운명의 시원始原인지 분명하지는 않지만 나는 종종 내 고향 풍경과 나의 출생에 얽힌 일화와 조부의 묘소에 담긴 이야기를 수필과 더불어 떠올리곤 한다.

내가 태어난 곳은 경북 청도군 유천면 유호 1리이다. 그 마을은 외통배기 마을이었다. 옛날에 이서왕국이라는 부족국가가 자리한 곳으로 생가가 있었던 마을 앞으로는 안동 하회마을처럼 유천강이 들판을 반달처럼 굽이 끼고 흐른다. 전형적인 배산임수인 유호 1리가 임금마을으로 불렸다고 돌아가신 어머니가 말씀하셨는데 대운암 뒷산에는 지금도 녹슨 칼이 발견된다고 한다. 지금은 묵정밭으로 변해버렸지만 산줄기의 혈맥이 끝나는 곳에 자리한 생가에서 나는 일곱 살까지 살았다. 사하촌 마을은 50년이 지난 지금까지 내 문학의 모태로 여기고 싶을 정도로 검푸른 개울에 놓인 목제 다리를 건너가야 세상 밖으로 나갈 수 있었다.

어머니는 내가 성장하여 단둘이 있을 때면 종종 나의 출생에 관하여 말씀하셨다. 어머니의 이야기에 따르면 음력 정월 어느 날 해가 질 무렵 마을 골목을 굽이 틀어 가는데 낯선 사냥꾼들이 노루를 잡아 어깨에 메고 동네를 빠져나가고 있었다. 해산이 임박한 터여서 그런 것을 보게 되었으니 참으로 난망하였다. 며칠 후 산기를 느끼고 출산을 하였는데 갓난아기는 노루처럼 한동안 비실거렸다고 한다. 용꿈은커녕 돼지꿈의 자식도 아니지만 산 노루는 그래도 사슴만큼 영특하고 신성한 동물이다. 임금동네 뒷산에 살던 노루라면 남다른 정기를 가졌을 것이니 사람에게 잡혀 죽으면서 인간으로 화신하였을지도 모른다는 자기위로의 줄거리를 만들었다. 어쩌면 이서왕국의 이야기를 전해주기 위해 마을로 죽음을 불사하고 내려온 것은 아닌가라는 생각으로 '죽은 노루'를 내 출생의 설화로 만들었다. 푸른 유천 들판을 휘도는 강바람과 집 앞 대밭을 가르는 바람 소리에 실린 내 신원에 얽힌 이야기는 아무튼 알게 모르게 내 문학적 상상력을 키워주었다고 하겠다.

당시 어린 시절은 가난하였지만 꿈은 풍부하였다. 유천골 아이들에게 마을 뒤로 놓인 경부선 철길은 어디론가 떠나고 싶은 동경의 도화선이었다. 선로를 오가는 기적 소리가 들리면 부리나케 기찻길 골목으로 달려나갔다. 잽싸게 달아나는 기차 꽁무니를 죽어라 쫓아가며 낯설고 이국적인 세계가 어디엔가 있고 꼭 그곳에 가리라는 믿음을 가졌다. 그러면서 담박질을 하여도 휙 달아나버리는 기차를 지켜보면서 모든 것은 사라지고 죽는다는 가당찮은 생각도 하였다. 보이지 않는 도시와 바다 너머 있을 숱한 나라들에 대한 동경과 보이지 않는 죽음의 교차는 평행선을 달리는 선로처럼 양립하였다. 그리고 선로를 사이에 두고 산 위에 자리한 조그만 대운암과 사하촌은 상상과 현실의 구역으로 지금까지 내 자아를 반쪽씩 점령하고 있다.

기차가 지평의 세계라면 우물은 수평의 세계였다. 내 시골 초가집 마당 한편에는 우물이 있었다. 물이 귀한 시골 사람들에게 그 우물은 생명수였다.

어린 시절, 까치발을 하고 들여다보면 너무 깊어서 마냥 까맣게 뚫려 있기만 하던 커다란 구멍, 우물 안쪽은 푸른 이끼 풀과 축축한 냉기로 항상 적막했는데, 한겨울에도 하얀 김이 퐁퐁 솟아오르던 검은 구멍은 땅 밑 또 다른 세상으로 통하는 비밀의 문 같기만 했다.

전기가 없어 밤이면 온 세상이 칠흑 어둠이 되던 시절, 아침은 언제나 우물가에서 시작하였다. 동이 트기가 무섭게, 물동이를 머리에 인 동네 아줌마들과 동네 계집애들이 모여들었다. 그들은 조용히 물을 떠 가지 않았다. 텀벙 텀버덩, 물 위에 두레박 떨어뜨리는 소리. 좍좍, 동이에 물 붓는 소리, 자박자박, 발걸음 소리를 연이어 남겼다. 나는 날마다 곤한 새벽잠을 우물소리로 깨면 크고 작은 엉덩이가 치마 밑에서 흔들리는 것을 지켜보곤 했다.

일곱 살에 대구로 이사를 갔다. 우물이 있는 기와집이었다. 조금 더 넓어진 채소밭 곁에는 감나무 한 그루가 서 있고 장독대 곁에는 조금 얕은 우물이 있었다. 난 단번에 그 집과 우물이 마음에 들었다. 시골 우물처럼 깊지는 않지만 돌벽에는 푸른 이끼가 사철 끼어있었다. 그 우물은 시골 우물보다 변덕스러웠다. 가뭄 때면 바닥에만 가까스로 물이 고이고 장마철이 닥쳐오면 황토물이 우물 턱까지 차오른다. 무엇보다 집집마다 우물이 있는 탓인지 동네 아줌마도 앞집 가시내도 우리 집 우물로 오지 않았다.

그냥 할 일이 없으니 초등학교를 다녀오면 담 밑에서 조그만 돌을 주워 우물 속으로 놓아준다. 이내 물 한복판에서 '뽁' 하는 소리가 나면서 동그란 파장이 우물 벽까지 밀려간다. 다시 '뽁' 튀는 소리가 나면 두 번째 물이랑이 일면서 내 얼굴이 길어졌다 짧아졌다를 반복한다. 아무도 내 장난을 몰랐으므로 돌 놓은 재미는 오랫동안 이어졌다. 지금 생각하면 시간을 죽이는 장난이지만 우물 속에서 들려오는 맑은 소리에 홀린 탓이라고 여긴다.

우물이 있는 그 기와집을 떠났다. 그 후 나는 다시는 우물이 있는 집에서 살지 못하고 지금도 그렇다. 그런데 어린 시절부터 물속에 돌을 빠뜨리는 버릇은 버리지 못한다. 어쩌다 잔잔한 개울이나 고인 웅덩이를 발견하면 얇고 편편한 돌을 골라 살그머니 물 위에 놓아준다.

그러면 돌은 꼬리 달린 조그만 물고기처럼 살랑살랑 좌우로 흔들리며 조용히 바닥으로 내려앉는다. 파문이 느릿느릿 펴져 가고 공기 방울이 수면 위로 천천히 떠오르곤 한다. 그럴 때마다 놓아주는 돌과 던지는 돌을 생각해본다. 세상에서 가장 무서운 돌이 무엇일까. 예수가 간음한 여인을 앞에 두고 너희 중에 죄 없는 자가 먼저 돌로 치라 했을 때처럼 던지는 돌이다. 징벌의 수단이고 심판의 돌이다. 나는 글도 돌이라고 여긴다. 던지는 돌멩이 같은 글이 있는가 하면 조용히 놓아주는 글도 있다. 던져진 글은 수면에서 튕겨버리지만 놓아준 글은 물속에서 조용한 언어를 만든다.

초등학교에 입학하면서 나는 단숨에 조숙해져 버렸다. 그것은 일기 쓰기와 난해한 독서 탓이었다. 일기는 가난한 현실에서 환상적인 세계로 옮겨가는 기차였고 일기쓰기는 작가가 되고 싶다는 꿈을 키워주었다. 치명적인 일탈은 조숙한 독서였다. 당시 삼촌이 경북대학교 법대에 다녔는데 나는 삼촌의 책을 남몰래 읽어 나갔다. 지금도 기억하지만 다락에 올라가 삼촌이 사온 연애소설과 문학고전을 거르지 않았고 뜻도 모르고 ≪사상계≫도 읽어댔다. 소설에서 미성년의 세계와 전혀 다른 성인세계를 만나면서 그들이 벌이는 갖가지 사건을 놀라운 충격으로 받아들였다. 나는 조용하지만 조숙한 아이로 변해갔다. 어쨌든 글쓰기와 독서는 위험스러운 옆길이었지만 그때의 정신적 탈선이 내 문학의 기초라고 믿는다.

중학교 1학년 때던가. 하늘 맑고 햇살 고운 일요일에 동네 계집애들과 눈으로만 보던 대구의 앞산인 비슬산에 올랐다. 앞집 계집아이는 내 첫 색시였다. 함께 사방치기도 하고 소꿉놀이도 했고 함께 공동묘지를 지나 앞산 비행장까지 놀러 가기도 했다.

어느 날, 쪽마루 끝에 걸터앉아 담장 너머로 보던 높다란 앞산으로 집단가출이라는 모험을 했다. 바위틈마다, 계곡마다 진달래의 다홍으로 물들어 있었다. 터질 듯한 감격에 떨면서 비명과 탄성을 지를 때 산 위에 배치된 부대의 경비병에게 들켰다. 포로병처럼 끌려간 우리들은 한동안 군인 아저씨들의 신병이 되어 제식훈련과 경례법을 성실하게 배우는 훈련병 노릇을 했다. 잠시 후 건빵 두 봉지를 얻은 후 하산하여 집에 돌아왔을 땐 달이 중천에 떠 있었다. 그 높은 산에 자리한 군부대에서 집까지 오는 길은 참으로 멀었지만 눈을 뗄 수 없었던 붉은 진달래밭과 겁나도록 푸른 군부대 막사는 그 후 상상과 현실의 극점으로 자리하게 되었다. 그래서 나는 지금도 진달래에 전율하고 "미국은 내게 감옥이다."라고 절규한 애드가 알렌 포처럼 구속과 제도를 무의식적으로 거부한다.

나는 작가의식이란 조금씩 형성되어진다고 믿는다. 그리고 어느 순간에 작가가 되고 싶다는 욕망이 화산처럼 분출한다고 여긴다. 내 문학 인생이 본격적으로 눈뜬 때는 고등학교 3학년 무렵이다. 교과서에 실린 모든 글은 달달 외웠고 국어 선생님과 작품 해석을 두고 '계급장 떼 놓는' 논쟁을 할 정도로 국어 과목에 애착을 가졌다. "돌탑"이라는 문학 서클에서 활동한 나를 지켜본 담임선생님은 국문과에

진학하도록 권유하셨지만 가정형편상 영어 선생이 되는 학과를 선택하였다. 그때 놓친 문학에 대한 목마름이 마중물이 되어 40여 년 후 오늘의 내가 된 게 아닌가 여긴다. 꿈을 품으면 먼 길을 우회할지라도 언젠가 그 자리에 선다는 걸 믿는다. 돌고 돌아 마흔 나이에 수필과 필筆을 반려자로 맞이하였다.

문학을 숙명으로 믿도록 해준 것은 조부의 무덤이다. 어머니가 시집온 후 2년 만에 돌아가셨다니 내가 태어나기 근 10년 전이므로 나는 조부를 직접 대면한 적이 없다. 조부는 과거시험이라는 청운의 꿈을 가졌지만 술을 매우 좋아하여 젊은 나이에 세상을 떴다고 한다. 당시는 일제강점기여서 공동묘지가 아닌 산에 따로 묘를 쓸 수가 없었다. 선친은 유명한 지관을 모시어 경북 군위 우보면의 마을 뒷산에서 명당을 찾아내시고 임시로 장례를 치른 시신을 지게에 담아 달이 없는 한밤중을 틈타 몰래 현재의 산소로 손수 옮겼다고 하셨다. 명이 짧다는 어느 노스님의 말에 따라 16살 장손으로 출가한 선친의 꿈이 무엇이었는지는 모르나 아버지는 이 자리는 학자와 문인이 배출될 곳이라는 지관의 말을 평생 동안 의심하지 않으셨다. 믿거나 말거나 우리 집에는 교육자가 많고 나는 공교롭게도 교수에 글쟁이가 되었다. 나도 학문과 문학을 겸하게 된 풍수가 조부가 못다 한 염원 덕분이라고 믿기 때문에 성묘를 할 때마다 문력을 빌려주시라고 빌곤 한다.

대학교 강단에서 영문학을 가르치면서 나는 점점 허기졌다. 이유는 간단했다. 나의 문학이, 나의 창작세계가 없었기 때문이었다. 영문학

교수가 되어 외국문학을 강의할수록 "내가 없음"에 절망하였다. 내가 없다는 허무감이 청춘기가 아니라 중년기에 독감처럼 찾아왔다. 마음은 쓰나미처럼 흔들렸고 때로는 가을 풀벌레처럼 쓸쓸해지기도 하였다. 초등학교 시절의 글재주와 사춘기의 왕성한 연애편지질과 문학청년기의 꿈을 되찾고 싶어 혼자서 시를 쓰고 에세이를 썼다.

그런데 어느 해, 우리 학교 교수들의 수필동인인 ≪수평선≫을 이끄시던 강 모 교수님이 학보사에 실린 내 글을 읽고 수필을 쓰라고 권유하였다. 그분의 조언에 따라 수필을 열심히 썼고 1993년에 ≪월간 에세이≫를 통하여 등단하였다. 또 그분은 수필평론 분야를 개척해보라고 권유하였다. 당시 수필평론이라는 말조차 없었다. 그런데 내가 수필을 쓴지 20년, 평론을 시작한 지 15년이 지난 지금도 수필과 평론을 쓸 때마다 그분의 격려를 가슴에 품고 있다.

수필을 하지 않을 수가 없었다. 인생이 그렇게 풀렸다. 그러나 아직 풀리지 못하고 있다. 이제 내 나이 예순다섯, 내 인생은 여전히 짬뽕이다. 생활 방식은 이조 봉건시대에 있고 문학적 공간은 서양의 포스터모더니즘에 놓여 있다. 영문학도이면서 국문학을 기웃거린다. 문학과 학문의 이중살림을 한다. 이젠 인문학 바람도 들었다. 흔히 정년이면 이모작 인생이라는데 난 갈수록 비빔밥이다. 정신적 혼혈이다. 혼혈은 우생인종을 낳는다는데 내 문학도 그러기를 희원한다.

나의 수필전傳

사람이란 제 운명대로만 살 수 없다. 반은 인연, 반은 본인의 뜻으로 움직인다. 지난 시절을 돌이켜보니 학문과 문학이 내 삶을 받쳐준 지붕이고 초석이다. 학문이 겉으로 드러난 지붕이라면 문학은 그것을 받쳐주는 초석이다. 반대일지도 모르겠다. 아무튼 세월이 지나면서 문학은 내 모든 것을 지배하는 괴물 같은 존재가 되어 버렸다. 나를 수필에 미친 광인이라면 그 또한 어찌할 것인가.

문학에 대한 나의 본격적인 열정은 고등학교부터 시작한다. 초등학교 때부터 어떤 과목보다 국어과목을 좋아하였고 고등학교시절 3학년 담임은 국문과에 지원하라고 강추하였지만 집안 형편상 가정교사를 할 수 있는 영문과를 택하였다. 고등학교 시절 문학동아리 '돌탑'에 가입하여 시를 끌쩍거리며 키우던 청운정의 꿈은 휴면기에 접어들었다. 대학교에 다니면서 문학병은 사라지지 않았다. 학보사에 수시로 기고하고 가당차게 도서관의 책을 다 읽어야겠다는 욕망으로 문학 변경에 텐트를 쳤다. 그것이 전부였다. 졸업을 하고 결혼을 하고 교편을 잡으면서 문학은 나와는 인연이 없는 유성으로 사라졌다고 여겼다.

그런데 대학 교수가 되면서 원하던 문학을 할 환경이 마련되었다. 글의 토굴로 들어가는 포복이 시작되었다. 영미작가의 작품을 연구하고 강의하면서 세상 현실보다 문학이라는 늪으로 빠져들었다. 학생들이 기이하게 쳐다볼 정도로 소설 해석에 몰입하였다. 주인공들의 삶과 죽음, 사랑과 배신, 육욕과 순애, 그들이 겪는 심적 고통이 고스란히 내 동맥 핏줄이 되었다. 그들을 누구보다 사랑하면서 나 자신의 문학이 없다는 목마름이 생겨났다. 혼자서 시를 쓰고 수필을 습작하면서 대학신문에 글을 실었다.

인연이란 종종 가까이서 이루어지기도 한다. 교수들의 수필동호단체인 '수평선'에 가입하면서 연어처럼 내 걸음은 학문으로부터 문학으로 옮겨갔다. 〈첼로가 되고 싶어라〉라는 수필로 1993년 12월 ≪월간 에세이≫에서 에세이스트로 천료받았다.

당시 ≪월간 에세이≫로 등단한 수필가는 전국적으로도 스무 명이 채 되지 않았다. 일 년에 한두 번 동인 모임을 가지면서 문인들과의 교류의 폭을 넓혀갔다. 작가들의 모임은 교수들의 모임과 달랐다.

문학이 이야기의 중심이었고 수려한 산천에 모여 인생에 대한 토론을 하였다. 학문이 이론적인 논쟁의 세계라면 문학은 정을 바탕으로 이루어지는 대화의 세계였다. 그때나 지금이나 끈끈한 연을 맺고 있는 곳이 ≪수필과비평≫, ≪창작수필≫, ≪현대수필≫이다. 나중에 생겨난 ≪에세이포레≫, ≪수필세계≫, ≪에세이문학≫ 등에 대한 애정은 변함이 없다.

교수라 하여 글을 잘 쓴다는 법칙이 없다. 하지만 교수의 글이니까 덤으로 봐준다는 느낌을 받고 그런 불평을 주위에서 하는 것을 들었다. 글의 세계란 학문처럼 오직 실력으로 평가받아야 한다. 이것이 내 신조이므로 한동안 문단에 뛰어들지 않았다. 오직 지하에서 노래하는 무명가수처럼 작품만 발표해 나갔다. 그때 전국 수필계와 인연을 맺게 해준 사람이 안귀순 여사와 정경 선생이다. 문인도 사람인지라 소소한 다툼이 없지 않았지만 문단생활을 회상하면 두 분이 내게 준 따스한 정을 잊을 수가 없다.

다른 장르와 달리 수필 문단에는 남자가 드물었다. 대부분 정년을 마친 후 수필가로 등단하였던 만큼 50대 초반의 영문과 교수가 수필을 쓴다니 특이한 존재였다. 기대하는 바도 많았지만 자유주의자인 나에게는 불편한 굴레이기도 하였다.

원고 청탁이 늘어가면서 수필에 매료되었다. 전공 서적으로 채워졌던 서가는 조금씩 문학 서적이나 다른 작가들의 작품집으로 채워졌다. 그것은 형체 없이 밀려오는 봄바람과 같았다.

학문이란 얼음처럼 냉정하고 딱딱하다. 대학을 학문의 전당이라고 하는 이유도 차고 냉정한 이성의 영역이기 때문이다. 나는 그것에 본능적인 반발을 보였다. 천성적으로 나는 감성적인 존재였고 어느 여류작가가 말하듯이 천성적으로 피가 뜨거웠다. 삶에 있어서 문학은 뗄 수 없는 혹인지 모르나 아무튼 문인이 되었다. 만나는 사람들도 대부분 수필과 관련된 사람이었다. 나중에 알았지만 문단 생리는 생각 이상으로 복잡하고 미묘했다. 보통 대학교수는 전공분야에서는 영민하지만 세상물정에 어리숙하다. 아무것도 아닌 것으로 끊임없이 이야기를 만들어 나가는 사교생활에는 부적격자라고 할까.

남들은 내 삶이 풍요롭다고 말하기도 한다. 일곱 권의 수필집, 일곱 권이 넘는 수필평론집, 일곱 번이 넘는 문학상 수상, 그리고 숱한 문학초청 강연을 했으니 과분한 복이다. 강연을 잘하고 평론을 잘 쓴다고 말하기도 한다. 그런 말을 들으면 흐뭇하기보다 짐을 더 실어주려는구나 하고 두려워진다.

전국의 작가들과 많은 인연을 맺었다. 서울 외에 강원지역 작가, 호남과 충청지역, 제주지역, 무엇보다 내가 자란 대구의 선배 · 동료 문인들과 끈끈한 교류를 맺었다. 멀리 바다 건너에 사는 수필가들과도 인연을 텄다. 그런 가운데 회자정리를 겪기도 하지만 마음이 통하면 깊고 오랫동안 정을 지켜오게 된다. 그 인연을 위해 글을 쓰는게 아닌가 싶다.

작가는 작품으로 말하여야 한다. 그것은 불변의 법칙이다. 끼리끼리 모인다는 말이 있듯 자신의 작품을 알아주고 상대방의 작품에서 배울 것이 있을 때 문인의 관계는 유지된다. 강호에는 생각보다 많은 문인이 있고 무엇보다 수필을 위해 죽고 살 수 있다는 동료들이 있다는 사실에 나는 감복하였다. 지금까지 홀로 수필의 세계를 지켜오면서 과연 이것이 무언가를 이룰 수 있는 길인가를 얼마나 고민하였던가.

수필을 쓰면서 작가로서 나는 두 길을 가게 되었다. 하나는 수필가이고 다른 하나는 수필평론가이다. ≪문학예술≫에서 한흑구 수필에 대한 평론으로 문학평론가가 되었다. 처음 수필평론을 쓴 잡지는 ≪문예시대≫이다. 그 점에서 평론가로의 첫 출발지인 ≪문예시대≫에는 고마움을 느낀다. 어느 순간에 부산지역보다는 전국적으로 창작활동을 하는 사람이 되어버렸다. 여러 잡지에 비평, 세간평, 수필론, 수필이론을 발표하는 동안 내 파일 속에 저장된 두고 잡지사만도 50개가 넘는다. 한 작가가 수필을 쓰면서 평론을 하기란 생각만큼 쉽지 않았다. 당시로써는 수필평론을 전문적으로 하는 사람이 드물었던 터라 영문과 교수, 수필가, 문학평론가라는 겉 타이틀 때문에 나에게 평론을 부탁하였다고 믿는다. 나름의 업적이라고 생각하는 것은 ≪현대수필≫에 미국수필에 관한 이야기를 3년 동안 게재하고 ≪수필과비평≫에 월평과 문제작 평을 10년 가까이 이어오고 있는 것이다. 그 결실로 ≪미국수필 200년≫ 외에 ≪좋은수필창작론≫, ≪한국산문학≫, ≪현대수필창작이론≫을 발간하였다.

이 책은 부끄럽게도 호평을 받았고 여러 곳에서 나의 책으로 공부하였다는 소식을 들었다. 미국 LA에 있는 한 문학단체에서는 내가 저술한 수필이론집을 교재로 삼은 게 인연이 되어 미국에서 서너 차례 집중 강연하는 보람도 얻었다.

세상에 그저 얻어지는 것이 없다. 수필에 올인 하는 가운데 어느덧 학문보다는 문학이, 대학보다는 문단이, 학생보다는 문인이, 심지어는 가족보다도 내 문학이 중요한 이상한 이상주의자가 되어버렸다. 밤 늦는 줄도 모르고 컴퓨터를 두드리는 동안 현실 속의 사람들이 아니라 작품 속의 작가들과 동거하는 인간이 되어버렸다. 어느 작가의 작가론을 쓸 때면 나는 나를 잃어버린다. 무당이 혼백을 받아들이듯이 그 작가가 되어버린다. 영혼의 삼투현상이랄까. 작품을 읽는 동안 그들의 희로애락 속에서 같은 상처를 입고 그 상처를 표현하게 되었다. 그래서 내 평이 종종 무섭고 서늘하다는 이야기를 듣는다. 자신들이 표현하고자 한 것을 콕 꼬집어낸다고 말하지만 나는 그 본능이 어디에서 오는지 알 수 없다. 다만 오랫동안 문학을 공부하면서 작품 속 주인공에 대해 지닌 동일시 체험이 반영되었을 것이라고 짐작한다. 그러한 작가론을 썼기 때문인지 모르나 비평의 대상이었던 작가분들과의 인간적 유대감은 남달리 강하다.

어느덧 문학인생도 25년 가까이 되었다. 시인이나 소설가에 비하면 그 문단 경력은 짧다. 종종 단 5년 만이라도 더 일찍이 시작했으면 하는 아쉬움을 갖는다. 그랬더라면 더 많은 글을 쓰고 원로수필가들을 더 오래 볼 수 있었을 텐데. 종종 지방에 있지 않고 서울에 살았더라면 어땠을까 하는 욕심도 부린다. 그렇지만 지금도 부산에서 수필을 쓰는 촌놈이라고 자신을 소개한다. 제발 문단에서 내가 교수라는 사실을 잊어주면 좋겠다. 그저 열심히 수필을 쓰고 수필평론을 하는 작가로만 알아주면 좋겠다는 생각을 한다.

어떤 일을 하든 왜 회한이 없겠는가. 더 처절하게 문학적 열정을 불태우고 더 뜨겁게 인간을 사랑하고 싶은 것이 나의 꿈이다. 불광불급不狂不及이라는 말이 있다. 미치지 않으면 다다르지 못한다는 말인데 문학에서는 더욱 그렇다고 믿는다.

나는 종종 밤 바닷가로 나가기를 좋아한다. 숲이 우거진 이기대 길을 지나가다 보면 반딧불이를 어쩌다 만난다. 그들은 자신의 빛으로 자신의 존재를 보여준다. 마지막 하룻저녁을 발광發狂하듯 발광發光한다. 때를 잘 맞추면 이기대 바다에 훤한 보름달이 떠오른다. 저 달 또한 발광하고 있다. 어둠 속에서 빛을 뿌리는 반딧불이와 보름달을 바라볼 때마다 내 몸에서 빛이 뿜어나기를 바란다. 문학의 끝점은 자신에게 있는 모든 인을 태워 어둠을 밝히는 것이 아닐까. 오늘도 그 꿈을 꾸며 밤 2시를 넘긴다.

수필나무와 13년

작가의 보람은 세 가지다. 첫째는 수필가로 등단하는 것이며, 두 번째는 첫 수필집을 내는 것이며, 세 번째는 문학상을 받는 것이다. 그런데 행복하게도 나는 한 가지를 더 갖게 되었다. 그것은 수필을 문학애호가들에게 가르쳐 주는 일이다. 공자님도 제자를 가르치는 일을 세 가지 행복 중의 하나로 삼았듯이 어른 학생을 가르치는 것은 과분한 것이지만 행복한 일이 아닐 수 없다.

나는 수필가가 되기 위해 혼자서 공부를 했다. 문학을 전공하는 것과 문학 창작은 다른 만큼 좋은 창작기법을 익히는 데 3년 넘게 걸렸다. 만일 나에게 누군가 수필 창작법을 일러주었더라면 더 일찍 문단 말석을 차지하는 행운을 누렸을 것이다. 그 아쉬움이 마음에 자리 잡아 평생교육원에 수필 창작반을 개설하였다.

뉴 미레니엄 해가 들어오면서 실시한 첫 문학 창작반은 당연히 영세했다. 당시는 문예창작에 대한 관심이 적었던 시절이었다. 하지만 시작이 반이다. 그때 참여했던 몇몇 문인들이 여전히 함께 수필의 길을 가고 있으니 고맙기만 하다. 5년이 지나 문학회를 창립하자는 의견이 모아졌다.

2005년 1월 11일 부경문학회가 문상열 회장을 중심으로 창립되었다. 대부분의 회원이 나보다 나이가 많았지만 문학에 대한 나의 열정을 믿어주었다. 오직 진지한 작가정신과 실력을 배양하는 것을 목적으로 작품 강평 월례회와 문학기행과 ≪수필나무≫라는 문학지를 발간하였다. 각계각층의 사람들이 진솔한 인간관계를 맺어 나갔다. 매학기 수필신인상 수상자가 늘어가면서 ≪수필나무≫의 영역도 조금씩 넓혀졌다.

2005년 "처음 만나는 이야기"라는 부제목을 지닌 창간호의 격려사 〈첫 텃밭을 가꾸는 마음으로〉는 이렇게 시작한다.

> 모든 사물에는 시작이 있고 끝이 있습니다. 하늘에 뜬 구름 한 조각은 보이지도 않는 물방울로 생겨나고 도도하게 흐르는 강물은 계곡의 작은 샘에서 시작합니다. 물방울 하나가 큰 구름으로 피어나고 산과 들로 지나는 강물이 되는 줄은 물방울도 미처 알지 못했을 것입니다.

그러한 자연의 이치와 마찬가지로 문학의 텃밭을 가꾸는 사람들이 모인 부경문학회가 이제 소중한 첫 결실을 거두게 되었습니다.

나무를 심으려면 먼저 텃밭을 정돈해야 한다. 묘목을 심고 가꾸며 기다려야 한다. ≪수필나무≫의 지도 교수로서 나는 다른 곳에서 자라는 나무를 빌려 오지 않기로 했다. 5년, 10년이 지나면 문인이 누구인가를 알리라 믿고 기다리기로 했다.

그동안 만남과 떠남의 곡선이 적지 않았다. 글쓰기를 포기하거나 이런저런 이유로 그만 둔 사람도 있었다. 회자정리는 어디서나 있기 마련이다. 글 선생은 글을 잘 가르치기만 하면 된다. 억지로 붙드는 건 순리가 아니다. 글을 쓴다면 어디서 한들 무슨 상관인가 하니 다시 돌아오기도 했다. 문학의 순례자라면 언젠가는 한곳에 모이리라는 확신했다. 창간호에 실은 〈문학 순례자를 위한 전언〉은 이렇게 시작한다.

그는 길을 걷습니다.

그는 문학의 정원으로 다다르는 숲길을 걷는 순례자입니다.

그는 달팽이처럼 여리지만 우주의 숨결을 들을 수 있는 사람입니다.

그리하여 지나쳐도 될 것을 붙들고 잊어도 좋을 일을 기억하고 일면식도 없는 이웃의 기분을 헤아려 줍니다. 그런 삶에서는 일상적인 삶 외에 하나의 곁 삶을 더 살아갈 수가 있습니다.

2009년 부경수필문학회는 다섯 번째 ≪수필나무≫를 발간하였다. 부제목은 "잎새에 새긴 나무의 꿈"이다. 등단 회원들은 어느덧 20여 명에 가까웠고 부경수필 아카데미 반을 거쳐 간 사람들은 70명이 넘었다. 유명강사를 초빙하고 연륜이 쌓이면서 ≪수필나무≫와 부경수필문학회는 전국적으로 알려지기 시작하였다. 회원들이 작품의 질을 높이고 동인애를 깊게 하기를 바라는 마음으로 제5호 ≪수필나무≫의 격려사 제목을 〈다시 새 출발을 부탁하면서〉로 정했다.

> 짧은 연륜에도 불구하고 ≪수필나무≫는 부산 문단뿐만 아니라 전국 문단에서도 인정받는 동인지로 발돋움하였다. 그것은 부경수필문학회를 발족할 때 나아가야 할 방향이 조금도 흔들리지 않았기 때문이다. 부산에 안주하지 않는 탈지역성, 현대적인 수필담론을 추구하는 탈근대성, 개인의 창작을 벗어나 문도를 이루는 탈개인성, 문단의 모순을 직시하고 진정한 문필가를 추구하는 탈속인성이라는 목적은 부경수필문학회가 변함없이 나아가야 할 길이기도 하다.

몸집이 커지면 옷을 갈아입어야 한다. 회원들은 부단히 노력하였고 나도 바빠졌다. 수필아카데미 반이 늘면서 ≪수필나무≫는 제 모습을 지니게 되었다. 가지가 많으면 바람 잘 날이 없다고 하듯 걱정거리도 적지 않았지만 임원들이 제 본분을 잘 지켜주었다.

2014년 부경수필문인협회는 제10호 "천년 솔향을 꿈꾸다"라는 부제가 붙은 ≪수필나무≫를 발간하였다. 신인상수상자가 50명을 넘었고 수필아카데미를 거쳐 간 수강자는 150명 넘고 정규회원만 70여 명이 되었다. 새 회장이 취임하였고 본부임원도 대폭 확장되었다. 수필나무는 더 깊게 뿌리를 내리고, 가지는 사방으로 뻗고 잎은 사철 무성해졌다. 사철 푸른나무라면 늘 향기로운 그늘을 마련해 줄 것이다.

제10호의 격려사 〈문학 정원을 가꾸는 수필가〉에는 다음과 같은 단락이 들어 있다.

> 문학의 세월이란 기계적인 시간일 수 없습니다. 창작의 고뇌를 이겨내면서 희로애락을 차분하게 작품으로 엮어낸 결과에 따라서 10년의 세월이 좌우됩니다. 끊임없는 자기 성찰과 밤을 하얗게 새우는 집필에 의해서만 문학이란 나무가 자랄 수 있습니다. 왜냐하면 문학의 나무는 작가의 끊임없는 인고와 노력을 먹고 자라기 때문입니다.

문학 나무를 키울 수 있는 사람은 작가다운 작가뿐이다. 과욕일지 모르나 나는 ≪수필나무≫ 회원들에게 이 점을 항상 기억해주기를 바란다. 수필가는 자신의 인생의 가꾸는 사람이면서 자신의 문학 정원을 독자와 함께 나누는 사람이니까.

동양에서는 12년이 지나면 한 갑자가 지나갔다고 말한다. 그것을 기려 2015년 겨울에 발간된 제12호에 "한 그루 우주목으로 모여"라는 이름을 붙였다. 격려사에는 〈나무잔치 벌였네〉라는 제목을 붙였다. 그것은 지금까지 웃음과 눈물을 함께한 회원들에게 바치는 나의 헌사獻詞이다.

12지간의 세월동안 ≪수필나무≫에 대한 나의 사랑을 달리 무엇으로 표현할 수 있는가. 조촐한 안주와 회원 수만큼의 찻잔을 놓고 잔치를 벌여도 이젠 부끄럽지 않은 때라고 믿는다. 나는 내일 운명이 다할지라도 한 그루의 나무를 심겠다는 스피노자의 꿈을 존경한다. 그 진심으로 ≪수필나무≫가 언제나 글을 쓰는 문인의 혼이기를 기대한다.

오늘도 ≪수필나무≫의 그늘 밑에서 나는 다음호를 발간하는 꿈을 꾼다.

일곱 번째 성좌星座

나는 수필이 "노마드의 혼"이라고 여긴다. 노마드의 혼이므로 제 자리에 머무를 수 없다. 그냥 손품과 눈품과 발품을 팔며 달빛 비치는 철야의 원고지 위에서, 상상의 풍차를 찾아 바람의 길을 떠날 수밖에 없다. 바람을 참지 못하는 그들처럼 나도 노마드의 날개를 달고 외로운 곳으로 숨어들고 싶다. 비가 내리는 저녁, 보름달이 뜬 밤, 어둠에 묻힌 검은 바다를 보면 루너틱한 전율을 체험하고 싶다.

작가에게 소중한 것은 고행의 신발뿐이라는 믿음으로 노트와 펜과 물병 하나 보탠 차림으로 자전거를 타고 밖으로 나간다. 콧바람을 쐐야지. 뒷등에도 바깥바람을 집어넣어야지. 그러면 묵은 가지에도 꽃을 피우리라.

수필집을 내려고 작정했을 때, 솔직히 내 글 수준이 걱정이었다. 명색이 교수인데 ≪월간 에세이≫로 등단한 주제에 '고 정도밖에'라는 말을 들으면 어쩌나 하는 염려가 없지 않았다. 그럼에도 청탁이 오는 대로 넙죽넙죽 받아서 자판을 두드리는 가운데 글 편수가 늘었다. 문학이 나를 끌고 온 것도 아니건만 어정쩡한 글에, 맹추 같은 글뿐이었다. 중국 고사에 나오는 연燕나라 사람이 제 걸음걸이를 잊고 조趙나라 걸음걸이마저 배우지 못한 신세가 나였다. 무식하면 용감하다고 첫 수필집 발간을 강행해 버렸다.

독자의 검열을 두려워하지 않는 ≪작은 사랑이 아름답다≫가 그 수필집이다. 많은 작가들이 이중자아를 드러내는 방법으로, 자기치유의 방식으로 수필의 문으로 들어선 것은 아닐까. 아무튼 내 삶을 벗겨보자고 하였다. 거창하고 반짝이는 것을 쥐려는 세상에게 작은 것이 소중하다는 심통 아닌 심통을 부리려는 만용도 있었다. 무엇보다 내 손과 발처럼 작은 것도 한번은 제값을 한다는 인정을 받고 싶었다. 그래서 일상적인 작은 삶의 일면을 모았다.

나는 지금도 수필은 작은 개울이거나 작은 모퉁이라고 여긴다. "Little is Beautiful", 그 말을 첫 화두로 선친의 유품, 마루 밑에 자리한 섬돌, 돌담에 핀 접시꽃, 고추밭 생가터와 같은 주변 물상을 이야기로 풀어냈다. 지금 들여다보니 유치해서 어쩔 줄을 모르겠지만 글을 쓸 때는 그지없이 절실하고 절박했다. 그럼 되는거지. 보들레르가 "신이

여, 지켜보기에는 너무나 역겨운 상처의 밑바닥까지 응시할 수 있는 힘을 주소서."라고 했던 기도처럼 말이다.

첫 수필집을 낸 후 눈이 밖으로 향했다. 나이 쉰, 첫 번째 수필집을 낸 3년 후에 두 번째 수필집 ≪풀꽃처럼 불꽃처럼≫을 냈다. 풀꽃처럼 있는 듯 없는 듯 살다가 불꽃처럼 확 쓰러지겠다는 오기를 서문에서 밝혔는데 지금 생각하면 글장난의 극치인 셈이다. 아무튼 그때 김춘수의 〈꽃〉이라는 시를 즐겨 읽었지만 외람되게도 내가 생각한 이름을 붙이려 하였다. "이름 있는 것에 다시 이름 붙이기"를 두 번째 화두로 삼았으니 지금 생각하면 그나마 다행이라는 생각이 든다.

그 무렵 나는 작가는 언어 노동자라고 믿기 시작했다. 해달이라는 동물이 있다. 해달은 납작한 돌을 배 위에 올려놓고 조개를 그 위에 내리쳐 살을 꺼내 먹는데, 그의 갈비뼈는 그 충격을 견뎌낼 정도로 단단하다고 한다. 글 쓰는 사람도 해달이 조개를 깨기 위한 고통을 감내하듯 묵묵히 가슴을 깨어 글을 낳는 사람이지 싶다. 속살 같은 감성을 발라내는 작업이 글이라고 생각한다. 그래서 자연으로 돌아가고픈 이야기가 상대적으로 많아졌다. 글쟁이라면 문학이라는 이무기 동굴로 들어가는 것도 괜찮다 싶다. 쉰 나이에 수신도 못하면서 지천명을 꿈꾸었으니 어찌 됐겠는가. 당연히 '풀꽃처럼 불꽃처럼'은 '잡풀처럼 잡목처럼'이 되어 버렸다.

지금 되돌아보면 자유인의 시절은 ≪문자도≫를 쓰던 때라고 여겨진다. ≪좋은수필창작론≫을 발간한 4년 후이기도 하다. 그 자유의 전환기가 없었다면 난 중도포기를 했을 것이다. 나는 연구년을 호주의 애들레이드에서 혼자 보냈다. 전화와 자동차를 사지 않았다. 캥거루와 유칼립투스 삼림만을 친구로 삼고 시간이 나면 교외버스를 타거나 기차를 타고 먼 시골로 갔다. 하루 내내 강을 따라 걷거나 인적 없는 자연보호림 속을 트래킹하면서 이국의 자연에 나를 묻었다. 사파리 어드벤처에 참가하면서 애보리지언을 만나고 침낭에 몸을 묻고 사막에서 잠을 잤다. 누워서 바라본 밤하늘은 서서 쳐다볼 때보다 몇 배나 더 깊었는데 하늘의 별은 바로 눈앞에서 아른거렸다. 우주가 3D 화면처럼 입체적으로 펼쳐지면서 나는 블랙홀로 빠져드는 황홀경에 빠졌다. 내 모든 것이 해체되고 새롭게 짜여졌다. 마침내 "문자도"라는 세 번째 담론을 얻었다. 세상은 문자도라고 깨우치면서 초심으로 돌아가 다시 느끼고 보고 읽기 시작했다. 절대로 남들처럼 쓰지 않는다는 팻말을 내 수필밭에 꽂았다. 말하자면 낯설게 하기와 철학 냄새를 내려 한 것이다. 지금도 생각하면 그 유랑의 시기는 앞으로도 가질 수 없는 절대적 행복과 자유의 세월이다.

호주에서 돌아와 네 번째 변신을 했다. 그것은 '부드러운 직선'으로 은유된 문학적 변신이다. 호주에서 날마다 본 나무는 직선으로 지조를 세우고 나뭇잎으로 곡선미를 이룬 생물이었다. 시류에 굴종하는 자들에게 직립의 귀감을 가르치고 자신보다 낮은 존재에게 둥지를 제공하는 은자隱者였다. 나는 그게 그냥 좋아 보였다. 덧붙이면 절망에 빠진 작가들에게 반드시 뜻을 이룬다는 것을 알려주는 형상이었다. 글 싸움

만큼 즐거운 행위가 어디에 있는가를 생각하며 펴낸 것이 수필선 ≪서 있는 자≫이다. 수필도 강물처럼 부드럽지만 속으로는 비수 같은 척尺을 지녀야 한다고 썼지만 결과는 별로였다. 내가 좋아하는 작품을 마흔 편 골랐더니 ≪좋은수필사≫에서 내어주었다. 발표한 것을 첨삭하고 수정하고 고친 것들이 다수이다. 인간이나 글이나 아무리 퇴고하여도 미완의 텍스트라는 사실을 일깨워 주었으니 수필 앞에 고개를 숙일 수밖에 없다.

다섯 번째로 ≪길을 줍다≫를 출판하였다. 삶이란 무엇인가, 왜 나는 글을 써야 하는가를 자문하는 초심으로 회귀하여 쓴 책이다. 쉬지 않고 걷는 것은 물이라고 말한다. 나는 물은 흐르는 것이 아니라 걸어가는 것이라고 여긴다. 산과 들을 지난 강물이 여행하는 동안 얼마나 많은 이야기를 품을까를 생각했다. 그래서 조잘대며 우는구나, 그래서 어둠 속에서는 더욱 흐느끼는구나 하고 생각하니 가슴이 시려졌다. 나도 아직 울 수 있구나, 그래서 글을 아직 쓸 수 있구나 하는 가능성에 안도하면서 나보다 앞서 길을 걸은 사람들의 이야기를 줍자는 심정으로 인간열전 식으로 써 보았다. 그 글에 밀레의 그림을 연상하면서 "길을 줍다"라는 제목을 얻었다. "인생 줍기"가 다섯 번째 화두다. 세상에 별난 이야기가 있는가. 그냥 사람 사는 이야기를 주웠다. 허리를 굽혀야 줍는다는 사실을 깨달은 게 다행이라면 다행일까.

얼마의 세월이 흐르지 않아 한국펜본부 이사장단 선거에 덜컥 관련되었다. 그냥 글만 쓰자, 남들이 부러워하는 교수직에 조금은 인정받는 수필가에 문학평론가가 되었으니 여기서 욕심을 더 부리면 안 된다. 문단 직책의 명예는 다른 사람들이 가져야 한다는 평소의 생각이 완강한 외압에 굴복당하였다. 설상가상 내가 지금까지 써온 수필이 과연 옳은가라는 생각과 수필평론을 쓰면서 굳어져버린 내 감성이 불쌍해졌다. 방향전환이 필요했다. 내 글에 가까이 오도록 요구하는 것이 아니라 내 글이 그들의 삶에 가까이 다가가야 한다는 생각이 들었다. 그건 내가 살기위한 것이기도 했다. 부드럽고 가볍게 상처를 다독여야 모두의 아픔이 낫는다고 믿게 되었다. 내 삶을 진솔하게 말하면 그들이 그들 사이에 나를 끼워 주리라는 기대감으로 펴낸 여섯 번째 수필집이 ≪손이 작은 남자≫이다.

그 동안 다른 일도 많았다. 상도 더러 받고 평론집도 더러 내고 수필 도반과 함께 공부하는 기쁨도 누리고 있다. 고맙기만 하다. 무엇보다 수필인생의 길로 돌아온 것이 더없이 기쁘다. 길은 오가는 통로이므로 앞선 간 발자국에서 내 길을 찾았듯이 누군가 내 발자국에서 제 길을 찾으면 하는 희망을 갖는다.

마침내 정년을 맞이하였다. 교수로서 평생을 보내면서 늘 고맙기도 했지만 문학인으로서는 결코 만족스럽지가 못했다. 수필을 쓰고 수필평론을 하고 수필가로서 못하다는 소리를 듣지는 않았지만 작가는 늘 작가가 되어야 한다는 강박관념에서 벗어나지 못하였다. 무엇보다 달라져야지 하는 내적 욕망을 따르지 못하였다. 그런 가운데 글이 쌓였다. 칼럼, 실험수필, 에세이, 서정수필, 평론 같은 수필, 퓨전수필,

기행수필, 단수필…좌충우돌, 전방지축, 횡설수설 같은 글 무더기가 늘어갔다. 이걸 어떡하나, 버리느냐 보듬어 안느냐 하는 사이에 '그냥' 써버리자 하는 마음과 '그래도' 하는 욕심이 충돌하는 ≪일곱 번째 성좌≫를 내게 되었다. 또 책 한 권이 만들어졌다. 수필가로 행세한 지 30년의 자괴심 속에 태어난 못난 자식이다. 아무튼 내가 썼으니 내가 안아야 하는 글이 아닌가.

그래도 곰곰이 생각하니 이전과 다른 뭔가가 있는 듯하다. 사물을 입체적으로 보고 내 신세 같지만 세상 이야기를 담았다. 이런저런 일에 부딪치며 살다보니 스토리텔링의 어조로 인생 풍경을 풀어내는 것도 재미있겠다 싶다.

하지만 마침표가 아니고 쉼표이기를 간절히 기도한다.

글의 길에 발을 디딘 지 올해 23년째다. 시인이나 소설가에 비하면 연륜이 짧지만 수필가로서는 적잖은 햇수라고 생각한다. 마흔 살에 늦깎이 등단을 하면서 내 운명의 길을 발견했다. 당선 통보를 받은 그날 연구실 문을 잠갔을 때처럼 지금도 나는 습관처럼 문을 걸어 잠근다. 어둠이 내 존재의 이불이고 적막이 내 영혼의 시트라고 여긴다. 그럴 때면 더없이 happy, 幸福, 행복, ^^하다.

내가 감히 말할 수 있는 것은 '문학 따로 삶 따로'가 아니라는 것이다. 문학이 삶이요, 삶이 문학이다. 몸 전체를 붓 삼아서 인생이라는 돌벽에 벽화를 그려나가는 행위 그 자체이다. 롤랑 바르트(Roland Barthes)는

"작가가 죽는 대가로 우리가 얻는 것은 독자의 탄생이어야 한다."고 했다. 문학은 외롭고 의로운 자들의 몫이라는 생각이 내 수필 바닥에 깔려있음을 부인하지 않는다. 그런데 고상한 고독이면 참 좋으련만 한심한 자족에 머물러 있다.

그래도 나는 스스로에게 묻는다. 왜 글을 쓰는 시간만 살아 있다는 생각이 들까. 왜 또 다른 성좌를 찾아 떠나고 싶을까. 딱히 무엇이라고 대답할 수 없지만 한 가지 분명한 것은 수필이 내 운명이라는 사실이다. 수필이 있어 살고 사랑하고 죽을 수 있다는 것, 그래서 난 늘 이렇게 묻는 걸 좋아한다.

왜 수필이 나를 놓아주지 않는가?

글쟁이의 ?

작가들이 가슴에 품고 있는 질문은 하나다. 그 질문은 "?"로 시작한다. "나는 왜 '문학의 띠'를 아직도 붙들고 있는가?", "나는 왜 죽어라 문학을 하는가?", "나는 왜 시를 쓰는가, 혹은 소설을 쓰는가?", "왜 나는 수필을 써야만 하는가?" 등이다. 물음의 표현방식이 다르다 할지라도 작가들은 차가 달리는 데 필요한 기름처럼, 새가 하늘을 나는 데 필요한 공기처럼 질문을 가슴속에 넣고 다닌다. "나는 생각한다, 고로 존재한다."고 말한 데카르트처럼 "나는 글을 쓴다, 고로 존재한다."고 말할 수 있다면 그는 달통한 사람일 것이다.

1980년대 초에 프랑스의 〈리베라시옹〉지가 창간 기념특집으로 400

여 세계문인들에게 앙케트를 던졌다. 질문은 왜 글을 쓰는가였다. 설문 결과의 답변은 고상하거나 고뇌한 내용이 아니었다. 애인에게 잘 보이려고, 유명해지고 싶어서, 돈을 벌기 위해서 등 상당수가 현실적인 이유를 댔다. 글로 생계를 꾸리려는 꿈은 어느 시대에나 언감생심이었다. 이백李白이나 두보杜甫 같은 동양의 시성도, 서양의 현대시인 T. S. 엘리엇도 굶주리지 않으려고 다른 생업에 종사했다. 그럼에도 작가는 "왜" 하고 물으면서 "그래도" 글을 쓰고 있다.

문인은 세상을 다독이고, 지친 사람에게 힘을 주는 역할을 자임한다. 하지만 현실은 그것을 쉽게 허용하지 않는다. 문학계는 '지나치게 상업화'하여 진정한 가치를 수호하는 역할을 망각한다. 출판사는 처세술이나 경세론을 다룬 책만 내고, 먹고 살아야 하는 문인도 시류의 요구를 외면하지 못한다. 세상의 빛이 아니라 탁류가 자꾸 눈에 보이는 이유는 "왜"라는 진지한 질문을 하지 않는다는 증거이다.

아무튼 문학은 사람답게 살기 위한 장치임에 틀림이 없다. 최인호는 "문학은 세상의 고통에 감응하는 하소연의 눈물"이라 하고 발레리는 "나는 약하니까 쓴다."라고 선언하기도 했다. 로버트 프로스트는 "이것 말고 다른 것에선 만족을 얻을 수 없기 때문에 쓴다."고 말했다. 그들의 말은 모두 옳다. 쓰는 일은 다른 것에 비교하면 어둠 속을 낮게 기는 자세와 같다. 어둠 속을 낮은 자세로 기어가는 것이 축복이라고? 그렇다. 그것만한 행복과 축복이 없다.

문인은 왜 가난하고 낮은 자세로 기어야 하는가. 그들은 가장 먼저 세상을 위해 우는 사람이기 때문이다. 시를 쓴다는 것은 무언가 새로운 것을 찾는 행위이고, 소설을 쓴다는 것은 남이 보지 못하는 것을 먼저 말하는 것이며 수필을 쓴다는 것은 남을 먼저 이해해주는 행위이다. 이것들은 저주스럽지만 자주적으로 행해야 할 소명이 아닌가.

글은 모름지기 마중물이다. 마중물은 물을 긷기 위해 맨 처음 붓는 한 바가지의 물을 말한다. 작가가 부은 한 바가지의 물이 지하에 숨은 더 깊은 물을 길어 올린다. 작가는 사라져버리는 한 바가지의 마중물이다. 세상을 깊게 체험하여 그 안에 숨은 의미를 길어 올려 목마른 영혼을 적셔주는 마중물인 것이다. 글이 정녕 그러하리라.

요즘 많은 문화센터나 문학 강습소에서 수필작법을 가르치지만 왜 문학의 길을 가야 하고, 무엇 때문에 그 길을 가야 하는가를 알려주지 않는다. 그냥 몇 달 글 연습을 시켜 수필가라는 명찰을 달아준다. 다시 얼마의 시간을 보낸 다음에는 문학상이라는 허영의 시장으로 내몬다. 그러니 삿된 글의 늪에서 빠져나와야 한다.

도대체 왜 쓰는가. "나는 무엇이 결핍돼 있기 때문에 쓴다."고 말해보자. 그렇게 느끼면 무엇인가에 대한 그리움이 생겨난다. 작가의 결핍은 돈이나 명예나 지위가 아니라 실존과 원형에 대한 그리움에서 시작한다. 삶의 원형, 죽음의 원형, 실연의 원형…. 나아가 창조의 원형에 대한 그리움에서 비롯한다. 〈창세기〉에서 "빛이 있어라" 함에 빛이 생겨났듯이 모든 작가는 붓끝으로 창조의 원형을 본받고자 한다. 하늘과 땅을 창조하고 진흙으로 빚고 코에 입김을 불어넣어 사람을 만든 신처럼 모든 예술가는 태초의 창조자 행적을 모방하고 있다. 미술과 음악과 춤은 물론, 문학도 신의 행위를 모방하는 것을 출발점으로 삼는다. 그런 의미에서 작가는 인간이란 무엇인가를 거꾸로 묻는 반인반수의 스핑크이다.

이제 우리들은 문학의 도반이 되었다. "왜 글을 쓰는가"라는 질문만으로도 가슴이 뛴다. 왜 문학을 하는가라는 물음은 단순한 질문이 아니라 생사를 결정할 정도로 무서운 말이므로 그렇다. 왜 사느냐, 왜 사랑하느냐고 말해보라. 그것에 대한 답변은 현실을 바꾸고 미래의 길을 정한다. 질문을 계속하면 역사와 신화의 길로 접어들고 더욱 계속하면 신의 사랑이 깃든 영성의 화원에 다다르게 된다.

그러므로 글을 쓰는 사람은 "?"를 항상 주머니에 넣고 다녀야 한다. 글이 안 될 때 그 물음표를 손으로 만지작거려보라. 그러면 "?"는 사라지고 "!"가 삐져나올 것이다.

냇물

그곳에서는 시간이 느릿느릿 지나간다. 나이를 먹을수록 세월이 빠르다지만 그곳에 가면 이야기를 나눌 수 있을 정도로 시간이 느리다. 때로 시간이 멈추기도 한다. 아무렇게나 자라는 갈대에 몸을 반쯤 숨기고 도톰한 자갈 더미에 몸을 얹으면 내 마음의 준비가 끝난다. 그냥 흐르고 싶은 마음이 꿈틀대지만 그 기분은 잠시뿐이다.

그 봄날 강물이 내 어린 날의 이야기를 전하고 있다. 하얀 잎사귀를 날리던 미루나무가 가만히 서 있는 여름 한낮, 어깨를 까맣게 그을리며 물싸움을 하고 자갈밭에 앉아 하얀 돌멩이를 귀에 댄 채 머리를 흔들던 대낮, 햇빛이 수면 위에서 눈부시게 부서지던 오후, 강변 자갈 위에서 몸부림치던 내 네 살 무렵에 지켜본 피라미까지 거슬러 올라간다. 내 난시도 수면 위에 부서지던 햇빛을 가만히 앉아 숱하게 지켜보던 그곳에서 시작하였을 거다. 청옥 물빛을 다시 떠올리면 맞은 편 초가집을 지켜보던 나를 향해 속삭여 주던 목소리가 생각난다.

"키가 작은 아이야, 나이 먹어도 여전히 키가 작은 어른이 되거라."

그러면서 냇물은 가볍게 웃었다. 가끔 은둔자의 음성으로 속삭여주기도 했다.

나는 때때로 주체하지 못할 만큼 유년시절의 향수로 서성거릴 때가 있다. 강바람이 난청처럼 들리면 어디서든 강물과 이야기를 하고 싶어진다. 영춘화가 강둑이 떠오르면 내 마음이 이토록 여린가 하는 생각에 놀라기도 한다.

그 강물을 지켜본다. 수면에 비친 풍경이 아니라 강둑으로 밀려오는 물살을 본다. 바다의 파도가 밀려 오간다면 냇물은 결코 되돌아오지 않는다. 사람이 마음속에 키우는 집착과 달리 강물은 앞을 향하여 참을성 있게 흘러간다.

냇물이 속삭인다. "옷은 헛된 것, 너를 망신시키는 누더기, 넌 얼굴도 몸도 가리고 사는구나." 그리고 낮게 덧붙인다. "너, 그땐 옷을 벗지 않았느냐."

지금껏 대부분의 나날을 그렇게 보냈다. 순간에 들리는 이름에 눈멀고, 내일이면 썩어버릴 명예라는 장식품이 내는 양철 소리에 귀먹는다. 참모습을 버리고 허명에 목을 매는 것이다. 그러나 저 냇물은 예전처럼 지금도 자신을 가리지 않고 흘러온다. 전보다 더 벗은 몸으로 구김 없이 흘러간다.

나는 턱을 고이고 억새 사이에 반쯤 몸을 숨기고 자갈이 도톰하게 돋은 자리에 앉아 물소리를 듣는다. 낚시꾼도 보이지 않고 홀로 찾아오는 시인도 없지만 냇물이 철썩이는 소리를 듣는다. 그냥 무관심 속에서 흘러가는 그가 한세상 살아온 노인처럼 여겨진다. 그는 저 멀리서 나타나 끝이 보이지 않는 곳으로 사라진다.

어디로 가나요라고 물을 필요가 없다. 냇물은 나지막하게 길을 이루며 스스로 자신을 실어 나른다. 누구에게도 길의 방향을 묻지 않고 어느 것에도 매여 있지 않다. 자기가 자신의 시작이고 끝이며 길이다.

물길에서 시선을 거두어 나를 돌아본다.

가야 하는 방향을 알고 있는가. 분명히 잘 가고 있는가. 어쩌면 나는 아직도 이곳저곳을 떠돌고 있는지도 모른다. 나는 내 길이 되어 주는가?

처음 강물이 흐르는 마을을 지나 신작로에 섰을 때의 나를 떠올린다. 강물이 불어 걸어서 지나가지 못했을 때, 물살에 둥둥 떠내려가던 때의 수초들, 신작로에서 화물차 소리를 처음 들었을 때, 손목을 이끌고 대문 앞까지 데려다주던 신도 아저씨, 지금은 내 곁에 없다.

나는 지금 내 생의 네거리에 서서 삶의 표지판을 찾아 서성거린다.

어느 때인가 49제 나갔던 스님 아버지가 떡 봉투를 들고 들어올 때의 겨울 문풍지 소리를 다시 들으면 길을 찾을 텐데, 구순 노모가 하얀 뼈 꽃가루되어 동해 바다 속으로 사라지던 그 빛을 다시 본다면 방향을 제대로 잡을 텐데, 두 분은 요즘 꿈에도 나타나지 않으신다.

그때 냇물이 부드럽고 준엄한 음성으로 나를 부른다.

'어리석고 게으른 자여, 길이란 남이 닦아주고 열어주는 평탄한 것이 아닌 것을. 그대는, 가슴으로 돌부리를 깎으며 흘러가는 나의 피를 볼 수 있는가? 사소한 번민의 화살에도 중독을 일으키며 허황한 욕망의 채찍에 감겨 허덕이는 그대는, 실낱같은 바람조차 이기지 못하고 미친 듯이 도는 바람개비 같은 자리에서 매암 도는 팽이에 불과하다.'

냇물은 뾰족한 돌부리를 깎는 인고忍苦의 소리를 삼키며 쉼 없이 흘러간다.

냇물은 한 번도 같은 돌 위를 흐르는 일이 없으면서도 한 번도 그 돌 위에 물결이 그치지는 않는다.

그는 너무 빠르거나 너무 느리지 않게 조금도 서두르지 않고 잠잠히 자기의 품안에 붕어나 송사리를 기르면서 흘러간다.

강물 속에 살고 있는 아름답고 빛나는 고기와, 바다 깊이 감추어진 비밀스러운 가치에 대해서는 한 치의 탐욕도 보이지 않는다.

밋밋한 자기에게 수치와 모멸을 느끼고 부끄러워하지도 않는다.

그는 언젠가 강물에 닿을 것을, 그리고 바다, 그가 흐르기 시작한 곳부터 가야할 목적지, 목적지라기보다는 근원根源에 닿을 것을 알고 있기 때문일까?

그는 지금 냇물이라는 낮고 좁은 골짜기를 흐르고 있지만, 냇물이면서 곧 강물이고 또 동시에 바다임을 알고 있기 때문일지도 모른다.

그는 말없는 질서, 자연적인 규율이다.

대개 젊은이의 지혜는 햇빛에 비치는 칼날처럼 날카롭게 번뜩이나 길을 잃기 쉽다. 한 인간이 도달할 수 있는 궁극적인 세계를 바다라 한다면, 재치와 기교에 넘친 지혜는 바다에 닿기도 전, 늪을 이루고 만다.

생生의 근원에 대한 묵묵하고 인내력 있는 추구와 성실성보다 순간적인 예지銳智에 도취하고, 많은 것을 손쉽게 단정 짓고 혹은 버리고, 사고思考의 문을 아집我執으로 통하게 할 때, 그는 자기에게 갇히게 된다.

자기에게 갇히는 것은, 냇물이 흐르다 멎어 웅덩이를 만들고 늪이 되는 것이다.

그리고 어느 날인가는 그 늪에 자기가 빠져 손잡이도 없고 디딜 땅도 없이 허우적이게 될 것이다.

고여 있는 물은 흐리는 물을 따를 수 없다.

생각해보면 생生이란 어느 한순간 섬광처럼 비쳐 내린 영감靈感이나 논리적 궤변, 재치나 기교에 의해 참모습을 알 수 있을 만큼 간단한 것은 아닌 것 같다.

무수한 얼굴을 지닌 무수한 길을 만나고 너무도 다른 빛깔의 양쪽 세계를 같은 시각에 보아야 하는 모순을 지니고 있는 것이다.

생生은 가느다란 파이프 속에 흐르는 물이나 납작한 종잇장 같은 것이 아니라, 선과 악의 총체總體, 기쁨과 고통의 덩어리, 하늘이 내려 준 목숨을 질기도록 성실하게 살고 난 사람만이 말할 수 있는 권리가 있는 것인지도 모른다.

냇물이 흐르다가 거대한 바위에 부딪혔을 때 산산이 조각나는 몸을 이끌고 다시금 좁디좁은 틈으로 흘러내려 강에 이르고, 일곱 해의 가뭄에 앙상히 뼈대를 드러내면서도 마지막 남아있는 한 방울의 물이 끈질기게 줄기를 이루며 바다에 닿아서야 비로소 바다가 무엇인지 말할 수 있는 것처럼.

그 머나먼 낯선 길을 말 없는 인종忍從과 신념으로 끊임없이 흘러가는 성실성이야말로 생에 대한 가장 중요하고 근본적인 태도일 것이다.

나는 심한 부끄러움으로 얼굴을 가리고 돌아앉았다.

그리고 나의 얄팍한, 한 치의 깊이도 한 뼘의 넓이도 가지지 못한 손바닥만 한 가슴을 굽어보았다.

가슴은, 어디선가 물이 흘러올 줄기를 잃고, 어디론가 흘러가야 할 길이 막힌 채 납작한 접시가 되어있었다.

한 줌의 햇빛이 비쳐도 가뭄에 허덕이며 목말라 울부짖고, 단 한 줌의 비만 내려도 창수脹水가 나고 해일海溢이 넘치는, 가엾고 빈약한 가슴을 오래도록 들여다보았다.

그로 하여 슬픔과 탄식에 울고 있을 때 냇물은 소곤거렸다.

"네 물이 흐를 고랑을 파라."

못난 꽃에 눈을 더 준다

일 년 사시사철을 가리지 않고 자연에서는 언제나 꽃이 핀다. 한여름의 염천과 폭우 속에서도 해바라기는 몸을 세우고 한겨울 눈발 속에서도 설중매는 하얀 꽃잎을 숙이지 않는다. 세상 어디를 둘러보아도 크든 작든 수많은 꽃이 제 자리에서 핀다. 그들은 피어나야 한다는 사실만 지킬 뿐, 예쁘고 아름답게 피어나겠다는 욕심을 부리지 않는다. 피어서, 피어나야 아름다운 것이다.

사막 벌판도 비어있지 않다. 황사가 휘몰아 다니는 황야에 생명이 없는 듯하지만 그곳에도 꽃이 피어난다. 고개를 땅에 대고 자세히 살펴보면 맨눈에 뜨이지 않던 작은 꽃들이 지열을 이겨내며 피어있음을 알 수 있다. 그들은 자신을 삭막한 대지에 떨어뜨린 신의 장난을 고스란히 받아들인다. 그리고 어쩌다 찾아오는 나그네에게 계속 걷고 싶다는 희망을 주는 것이다. 아름답게 핀 것이 아니라 피어나서 고귀하고 거룩한 것이다.

모든 꽃은 오직 피는 일에만 열중한다. 다른 꽃이 더 아름다워도 시기하지 않고 자신이 못났다 하여도 화를 내지 않는다. 오직 피워 올려야 한다는 의지만으로 핀다. 그러기에 자연을 진정 사랑하는 사람의 눈길을 붙들고 식물학자들로부터 이름을 얻는다. 그가 이름을 얻는 이유는 오직 피움 자체만을 위하여 피었기 때문이다. 그래서 나도 어느 특정한 꽃이 아니라 꽃이라는 이름을 지닌 모든 꽃을 사랑한다.

어디 꽃만 그런가. 나무가 그러하며 돌이 그러하며 새들도 마찬가지다. 존재는 존재 자체로서 아름답다. 세상의 모든 것을 아름다운 것으로만 나누고 떼어낸다면 결국엔 아름다운 것 하나만 남을 것이다. 그 아름다움마저 이내 아름답지 않게 될 것이다. 단 하나의 존재는 존재로서 의미가 없다. 존재란 상대가 의식할 때만 의미가 있기 때문이다.

작가란 아름답게 글을 쓰려는 사람이 아니다. 글을 쓰기 때문에 아름다운 사람이다. 오직 글을 쓴다는 마음을 지키려 하므로 걸음이 아름답고 뒷모습이 거룩하다.

물론 세상에는 질적 저하가 보이는 글이 적지 않다. 문단에서 연륜을 중시하는 이유는 짧은 재주보다 글을 써온 이력에 의하여 글이 좋아지기 때문이다. 그런데 종종 함부로 남의 글을 폄훼하는 하는 경우를 보고 듣는다. 문단 선배라면 먼저 남의 글을 존중하는 자세부터 보여주어야 할 것이다. 남의 글을 사랑하고 아끼는 마음이 앞서야 할 것인데, 자신의 우월감을 과시하려는 경우를 종종 본다. 그런 사람들은 "문단의 말석"이라는 의미를 곰곰이 생각하여야 한다.

꽃들은 다른 꽃들에게 "넌 못난 꽃"이라고 비웃지 않는다. 묵묵히 제 모습 그대로 꽃을 피워갈 따름이다. 그런 꽃의 마음과 자세를 배우지 않으면 결코 아름다운 글 한 줄 쓸 수가 없다.

글내와 사람내

모든 사물은 고유의 냄새를 지니고 있다. 동식물뿐만 아니라 사람의 몸에서도 냄새가 난다. 무엇인가 있다는 낌새를 알아차리려면 냄새를 먼저 맡는다. 모두가 체취로 자신을 드러내려 하므로 인간의 오감 중에서 후각이 가장 예민하다.

냄새 중에는 좋은 것이 있고 나쁜 것이 있다. 흔히 좋은 냄새를 향기라 부른다. 차향, 꽃향이 있고 한지에 쓴 글씨에는 묵향이 배어 있으며 천년 땅속에서 제 몸을 삭힌 참나무에서는 침향이 스며난다. 향기야말로 모든 사물이 지니고 싶은 이상적인 기운일 것이다. 옛 선비들도 자신의 글에서 지필묵 향기가 묻어나기를 소망하였다. 그런데 글과 글씨에서는 문향과 묵향이 풍겨난다고 하지만 정작 글을 쓰는 사람에게서는 먹물 냄새가 난다고 말한다. 옷에 먹물을 잔뜩 묻힌다고 먹물 냄새가 나지 않는다. 몸 구석구석까지 냄새가 배이도록 글을 가까이하여야 겨우 먹물 냄새가 난다. 꽃향기가 꽃송이에만 담겨 있다면 나무 냄새는 줄기는 물론 뿌리 냄새까지 합쳐야 되는 것과 같다.

오래전에 돌아가신 할머니는 거의 매일 선친이 계셨던 산 절을 오르내렸다. 장남이 출가하여 스님이 된 아쉬움 탓인지 다섯 평도 못 되는 시골 암자의 조그만 대웅전 청소만은 한사코 할머니가 맡으셨다. 청소를 마치고 법당에서 나올 때 할머니는 항상 "향내 난다"고 하셨다. '향기 난다'고 말씀하시지 않았다. 할머니에게 향내라는 말은 향과 냄새가 합친 말일 게다. 법당에서 피어오르는 향불을 촌 노인답게 표현한 말이라고 생각했다. 대구 신천동에 조그만 임자를 마련하였을 때도 할머니는 변함없이 법당 마루를 닦고 쓸고 하셨다.

냄새라는 말은 어딘가 낮춤말로 들린다. 고상하고 고귀한 명품보다는 세속적이고 범상한 물건을 떠올려준다. 향기香氣가 한자말이고 냄새가 우리말인 언어적 차이에서 오는 선입견일 수도 있다. 향기라 하면 정자가 떠오르고 문방사우와 매난국죽이 연상되지만 냄새라면 거름더미나 쑥떡 만드는 시골 아줌마가 생각난다. 향기가 정신적 가치를 향유하는 계층의 언어라면 냄새는 몸으로 세상을 살아가는 사람들끼리 나누는 말로 여겨진다.

그러므로 냄새라면 비린내나 구린내 같은 부정적인 말이 먼저 떠오른다. 그것도 잠시, 이내 곱살스러운 접미사 "내"에 갖가지 말이 붙는다. 살내, 젖내, 땀내, 분내, 단내, 흙내 … 이때의 '내'는 '냄새'를 줄인 말이다. 살 냄새, 젖 냄새, 땀 냄새, 분 냄새, 흙냄새를 줄여 "살내, 젖내, 땀내, 분내, 흙내"라 말하면 까닭 없이 마음이 아파오고 저절로 눈이 감긴다. 그것들은 오래 졸이고, 한참 묵히고, 늘 지니고 다녀, 저절로 우러나는 냄새이다.

그 냄새를 가진 것들이 거의 사라져가고 있다. 젖내와 살내와 분내를 풍기던 사람들이 멀어졌다. 땀내 날 정도로 일을 하던 청춘은 까마득하고 입에서 단내나도록 온몸의 기를 쏟아내던 열정도 옛이야기가 되었다.

냄새는 온몸으로 맡아야 제대로 느낄 수 있는 기운이다. 그렇지 않다고 말할 수도 있지만 냄새라는 말을 줄여 "내"라고 하면 그땐 온몸으로 풍겨내고 온몸으로 받아들여야 하는 기운이라는 확신이 든다. 사람 냄새는 얼굴에서가 아니라 온몸에서 흘러나오는 것이므로 코라는 감각 기관만으로 감당하기에는 충분치 않다. 그래서 사람 향기라는 단어보다 사람 냄새라는 말을 즐겨 쓰는가 보다.

달력을 한 장 한 장 넘기다 보니 어느덧 입추가 지났다. 해가 조금씩 늦게 뜨고 일찍 서산으로 넘어간다. 짧은 셔츠를 입던 사람들이 긴 소매 옷으로 갈아입고 짧은 스커트를 입었던 여인들도 하늘거리는 긴 치마를 입기 시작한다. 시샘하듯 다투어 피어났던 봄꽃들은 다 져버리고 무성했던 여름 나뭇잎들도 가을 색으로 변해간다. 갖가지

형상이 넘쳐나는 여름이 지나 냄새의 계절 가을이 오면 모든 것들은 거추장스러운 색깔과 겉모양을 버리고 자신이 무엇인가를 세상에 증명하는 단 하나의 기운만 간직한다. 계절이란 갖가지의 향기를 단 하나의 냄새로 변하게 하는 시간, 난 그렇게 믿으려 한다.

요즘 글의 냄새에 대해서 종종 생각한다. 향을 싼 종이에서는 향내가 나고 생선을 싼 종이에서는 비린내가 난다. 언젠가는 내 글에서도 묵향과 문향이 묻어나기를 꿈꾼다. 이제 내 나이가 가을인 탓인지 쌀쌀해진 저녁 바람을 맞이하면 문득 내 글에서 가을내가 났으면 하는 생각이 든다. 문향은 여전히 과분하고, 글 냄새라고 하기에는 어딘가 허름하다. 글내라면 사람 냄새는 담겨있겠지.

왜 갑자기 삼십여 년 전에 돌아가신 할머니가 생각날까. 법당 구석 구석을 정성스럽게 닦아내고 문을 나서며 하신 "향내 난다"고 했던 말씀이 불쑥 떠오를까. 어쩌면 할머니는 법당에 들어설 때마다 부처님이 가르친 불법 향기와 참선을 하느라 밤을 하얗게 새운 아들의 살 냄새를 모두 맡고 싶었는지 모른다. 어느 것 하나 버릴 수 없는 운명을 이겨내며 차디찬 마룻바닥을 단내나도록 걸레질하셨을 할머니, 그 마음을 비로소 이해하면서 이 가을에 내 글을 읽어줄 한 명의 독자를 만나면 더없이 좋겠다.

당신이 수필을 써야 하는 이유

우리는 그냥 보통 사람입니다. 가정에서, 직장에서, 사회에서 그냥 그렇고 그런 사람입니다. 가난하고 별 볼 일 없고 힘이 없다 하더라도 나름의 인생을 살아왔습니다. 친한 친구가 죽었다는 소식, 다른 친구가 직장을 잃었다는 소식, 가족을 잃었다는 이웃 사람들과 더불어 살아오면서 말로 이야기를 하였지만 언젠가는 기록으로 남기고 싶어 했습니다. 이제 그들의 이야기가 나의 이야기로 여겨지므로, 인간으로서 작가로서 이모작 인생을 시작하고 삶의 끝자락을 바라보며 주변을 정리해야겠다는 충동을 느끼므로, 나의 이야기를 소중히 여기게 되었습니다.

우리는 역사의 주인공이 아닙니다. 그러나 그 영웅들보다 더욱 진지하고 성실한 삶의 주인공입니다. 평범하고 볼품없어 보이는 인생이라고 할지라도 그 속에는 당신이 놀라고 이야기를 듣는 사람들도 놀랄 수밖에 없는 강렬한 시간이 깃들어 있습니다. 그래서 우리는 모두 위대한 보통 사람들입니다. 다만 지금까지 소소한 것인 양 과거 속에 조용히 정체를 숨기고 있었기 때문에 나의 삶에, 나의 행복과 불행에 어떤 의미가 있는지 몰랐을 따름입니다. 아무리 부정한다 할지라도 거부할 수 없는 자력으로 운명이 우리를 이 자리에 데려왔습니다. 나와 운명이 서로 멱살을 잡고 싸우거나 반대로 손을 잡고 다정하게 걸어오기도 하였습니다. 평범한 사람들의 이야기는 결코 평범하지 않습니다.

많은 작가들과 영화감독들이 선호한 소재는 유별난 인생이 아닙니다. 누구나 그렇게 사는 사람들의 이야기에 불과합니다. 다만 그들은 평범 속에 숨은 진지함과 신기함을 일찍이 찾았을 따름입니다. 그러므로 당신의 이야기를 당신의 언어로 적으십시오. 당신의 초상화는 당신 자신이 직접 그려야 합니다. 어느 누구도 당신의 사연을, 당신의 이미지를, 당신의 시간을 대신 맡을 수 없습니다.

모든 수필과 자서전과 명상록과 수상록과 참회록은 사실 작가가 살아온 이야기에 불과합니다. 오바마 대통령은 ≪내 아버지로부터의 꿈≫에서 "자서전이든 회고록이든 혹은 가족사이든 내 생애의 한 부분이 진득하게 드러나 있다."고 말합니다. 심리학자 융은 '사는 것이 버거운 것은 자기 자신이 되지 못하였기 때문이다.'라고 했습니다.

파울로 코엘료는 서른여덟 살에 산티아고 순례길을 걷고 나서 작가로 살겠다고 선언한 이후 인생을 본격적으로 살게 되었다고 고백합니다. 소설가 이원호는 자신의 이야기를 쓰기 시작하면서 글쓰기 공부를 했습니다. 그들은 모두 사소하기 짝이 없는 사건을 책에 담으면서 이렇게 생각했습니다. '언뜻 보기에 하찮은 사건들에서 어떤 정신분석가보다 더 참되고 꾸밈없는 영혼의 얼굴을 찾아낸다.'

우리들은 인생이라는 배낭을 메고 이 먼 곳까지 왔습니다. 우리는 스스로 자신을 인생의 여행자나 순례자라고 부릅니다. 우리는 하루하루의 퇴직자이지만 인생을 은퇴하지는 않았습니다. 죽어도 은퇴할 수가 없습니다. 이제 중년을 넘기면서 겨우 인생이라는 성지로 떠나는 순례를 시작하였을 따름입니다. 그 길목에서 일어나는 변신의 모습을 기록으로 남기고 싶어, 글이라는 또 다른 순례를 시작한 사람들입니다.

일단 펜을 들고 첫 문장을 시작합시다. 결심을 하였으므로 주저하지 말고 그냥 가벼운 마음으로 첫 문장을 시작합니다. 글의 길로 들어서면 알 수 없는 영적인 힘이 우리를 인도할 것입니다. 회상이 문장을 만들고 기억이 단락을 만들고 사연이 한 편의 글을 완성하는 동안 지금까지 기억 속에 있다고 생각하지도 못했던, 가슴속에서 짓이겨진 채 널브러져 있던 생의 조각조각이 아름다운 꽃으로 피어날 것입니다.

글쓰기는 글쓰기라는 노하우와 인생 살기라는 재교육을 배우는 과업입니다. 더 나아가 한 번도 대면하지 못했던 웅크리고 있던 자아와 마주치는 시련입니다. 그 대면은 당황스럽고 부끄럽고 때로는 혼란스럽습니다. 멀리 피하고 싶으면서도 사랑으로 끌어안고 싶은 나의 모습입니다. 글이란 내적 탐험이므로 여러분 스스로 글의 주제를 자연스럽게 발견할 것입니다. 이것은 글쓰기의 재능과 전혀 관계가 없습니다. 오직 우리가 우리 자신을 성실하고 진지하게 대하겠다는 각오만 있으면 됩니다. 그 동안에 자전적 이야기는 한 켜 한 켜 쌓아 올라갑니다. 그렇게 쓰는 동안 우리는 '나는 나답게 이렇게 살았노라.'라고 말할 수 있습니다. 삶이란 누구처럼 사는 것이 아니라 나답게 사는 것입니다.

우리는 지금까지 삶의 내비게이션 없이 살아왔습니다. 그때 지금의 내비게이션과 같은 안내자가 있었더라면 훨씬 더 안전하게 행복하게 삶을 운선할 수 있었을 것입니다. 그러나 글과 인생을 시작하기 전이 아니라 항상 목적지에 다다른 다음에야 "그렇게 갈 걸"이라는 내비게이션이 생겨납니다. 그 두 길은 아무리 잘 계획한들 마음먹은 대로 살고 쓸 수 없습니다. 글로 쓰이는 자기표현은 한결같이 '너 자신의 길을 가라. 진정으로 너 자신이 원하는 삶을 살아라. 너 자신이 쓰고 싶은 글을 써라.'고 일러 주지만 내가 갈 수 있는 길이 어딘지 몰랐던 적이 많습니다. 때로는 부딪히고 쓰러지고 넘어지기도 하였지만 아무튼 지금 글을 쓰기 위해, 더 좋은 글을 쓰기 위해 펜을 들었습니다. 이것은 자랑스러운 결심입니다. 그 기회를 찾은 것은 인생에서 행운입니다. 그 행운의 길에 들어섰으므로, 글의 길을 계속 걸어야 합니다.

시도한다는 건 언제나 즐거운 만남이고 소중한 인연입니다.

자신의 삶을 이야기로 적은 책이 자전적 글입니다. 그 글에는 수필과 명상록과 자서전과 참회록이 있습니다. 심지어 소설과 시도 자전성에서 벗어날 수 없습니다. 글은 유명 정치인이나 호사스런 재벌이나 잘난 척하는 지식인의 전유물이 아닙니다. 글은 누구나 쓰는 것이며 우리의 글은 후일 나의 일부, 사회사의 일부를 이룹니다. 내가 겪은 이야기든 내가 겪지 못한 이야기든 그 기록은 날줄과 씨줄이 되어 시대를 증언하는 소중한 역사의 한 페이지가 됩니다. 후일 우리의 후손들이 우리의 이야기를 그들의 시대를 이해하는 단서로 삼을 것입니다. 우리가 다루는 이야기 속에 미래가 이미 숨 쉬고 있습니다. 우리의 글에는 각자가 할당받아 적어야 하는 기록이 있습니다. 어떻게 글을 쓰든 개인적 행동과 사회적 요구가 담기게 됩니다. 글 한 줄이 태산보다 무겁고 구사되는 언어 속에 시대의 이정표가 세워집니다.

주변 사람들이 시시콜콜한 글을 썼다고 말할지도 모릅니다. 그러나 그 속에는 당신이 사랑하는 가족의 이야기도 담겨집니다. 지금은 하찮게 여겨질지 모르지만 시간이 지날수록 우리의 후손들이 살아서 듣게 될 말로 남겨질 것입니다. 한 편의 수필을, 한 권의 책을 출판한다는 것은 인생의 진정한 종결이 무엇인가를 깨닫는 단계가 됩니다. 그러므로 어렵다 생각하지 말며 힘들다 생각하지 말며 그냥 쓰십시오. 부모에게 바치는 존경과 가족에게 전하는 사랑과 주변 사람에게 남기는 감사의 이야기를 적으십시오. 글이란 가장 위대한 유산입니다.

여러분은 마침내 깨달을 것입니다. 자신을 키운 것의 8할이 상처라는 사실을. 글쓰기야말로 그 상처를 치유하는 붕대입니다. 글쓰기는 기본적으로 치유의 행위입니다. 내 안의 목소리를 찾아내야 합니다. 아리스토텔레스는 모든 예술은 치료의 기능을 갖고 있다고 말했습니다. 영국 시인 워즈워드는 "내게 찾아온 건 오직 슬픈 생각뿐/ 때맞춰 그 슬픔을 말하니 그 생각 사라지고/ 나는 다시 건강해졌네"라고 노래했습니다. 심리학자인 페니 베이커 교수는 심리적 외상(트라우마)을 털어놓지 못하는 데서 정신적 육체적 건강상의 질병이 시작한다고 합니다. 나에 대한 글쓰기는 억압 감성의 둑을 무너뜨리는 것입니다. 그래서 글은 흰 종이 위에 흑색 글씨로 자아를 외면화하는 새의 날개짓이라고 비유할 수 있습니다.

누가 글을 쓰나요. 삶을 사랑하는 사람이 써야 합니다. 글이란 배운 사람이 쓰는 것이 아니라 제대로 사는 사람이면 누구나 감당할 수 있는 정신노동입니다. 그러므로 남의 이야기가 아니라 우리 자신의 이야기를 할 필요가 있습니다.

삶의 공간에는 이야기가 가득 차 있습니다. 공간은 칙칙하고 습하고 어두우므로 갇힌 나의 이야기를 끄집어내어 언어의 양지 아래 드러나도록 하십시오. '나 어렸을 때'부터 시작하여 가족과 직장 이야기를 거쳐 어제 갔던 곳까지 하나하나씩 드러내십시오. 나는 이렇게 살았다, 이제 이렇게 살아야겠다는 삶의 발견자로서 글을 쓰기를 권합니다. 그러면 여러분은 어느 순간 작가가 되어 있음을 발견할 것입니다. 문인, 작가, 저자, 문필가…. 그 무엇이 되든 자신을 거듭 들여다보는 인생의 발견자가 되도록 하십시오.

A4

문인이 내면하는 하얀 백지.

그것은 우리가 살아내야 하는 내일만큼이나 막막하고 넓다. 그것은 지금까지 살아온 모든 예술가와 문인들이 채우려고 간절히 원한 광활한 대지일지도 모른다. 다행스럽게 그 여백은 오늘까지 여전히 비어 있다.

나는 원고지를 볼 때마다, A4용지를 볼 때마다, 컴퓨터 화면을 볼 때마다, 화선지와 악보를 볼 때마다 왜 사각형이어야 하는가에 의문을 품는다. 왜 삼각형이나 오각형이나 원이 아닐까. 왜 마름모는 아니 될까. 원 모양의 원고지, 원 모양의 오선지이면 어떤 글맥과 악상이 그려질까.

직각은 분명 옛사람이 생각한 지구 모양에서 나온 것이다. 좌우상하로 무한히 뻗어가는 무념의 창작공간을 상징한 게 아닐까. 한 점에서 시작하여 사방으로 뻗어가는 종이 한 장, 눈앞에 놓인 종이 한 장, 무한히 넓은 우주를 먼지처럼 떠돌아다니는 종이 한 장, 그것은 영혼이 조용히 누울 수 있는 단 하나의 침대이다.

A4 용지 한 장의 무게, 그 가벼운 5그램. 하지만 종이 한 장의 끄트머리에 베여 아팠던 기억….

가벼운 무게를 가진 종이도 자신이 베이는 아픔을 느낀다. 무감각하도록 두터운 나무 둥치가 베이고 잘리고 대패질당하여 마침내 자신을 베던 도끼와 톱과 비수보다도 더 얇아질 때까지 인내한 고독. 그 상처에 기도를 바칠 수 있는 첫 단어를 찾거라. 인생에서 우리는 얼마나 베이고 상처 입고 피를 흘리는가. 그때 쓰라리고 아픈 상처를 감싸주는 연고가 될 수 있는 종이의 무게가 그립다.

절망적인 하얀 백지, 질식할 듯 허허로운 백지, 그 위에 지금 당신이 하나의 점을 찍고 획을 그으려 한다. 가로로 그으면 지평선과 수평선이 나타나고 세로로 내리면 하늘과 땅이 만난다. 그 선의 안팎과 위아래에 점을 찍으면 사람이 태어나고 훈민정음 "가나다라…"가 그려지면서 천지인天地人이 완성된다. 앤 라모트는 〈글쓰기 수업〉에서 "거의 모든 명문들도 거의 다 형편없는 초고로부터 시작된다. 당신은 일단 무슨 문장이든지 써볼 필요가 있다. 내용은 뭐라도 상관없다."고 했다.

당신이 살아오면서 입은 옷, 당신이 더 살며 입어야 할 옷으로써 글이 쓰이기 시작한다. 현실과 다른 경험 세계가 창조된다. 당신은 현실이 아니면서 현실인 영역에 놓여진다. 아침밥을 먹고 교통카드로 행선지를 찍는 당신이 아니라, 커피를 마시고 운전대를 잡는 당신이 아니라, 건성으로 인사를 나누는 사람을 만나는 당신이 아니라, 간절히 되고 싶은 당신이 태어난다. 이러한 변신 과정에서 일어나는 갈등과 모순도 겪어내야 한다. 그것을 초월에의 의지라 해도 좋고, 또는 창조적 투쟁이라 해도 무방할 것이다.

첫 행과 첫 줄은 글쓰기 투쟁의 전초기지이다. 어디서인가 들이닥칠지 모르는 영감을 놓치지 않기 위해 온몸의 촉수를 곤두세우고, 몰래 다가오는 착상을 포로로 잡기 위해 두 귀를 열고 두 눈을 뜬다. 육체의 숨을 죽이고 바닥에 몸을 최대로 낮추고 기다린다. 내 인생을 지키는 수색병이 글의 첫 줄을 잡는 모습이다. 새로운 세계를 구축하려는 촉발성, 달팽이가 기어가는 소리조차 놓치지 않으려는 집중력이 첫 행에서 요구된다. 지금껏 존재하지 않은 개체를 언어로 구현하는 일이 어디 예사로운가. 첫 행이, 첫 단어가 그 사명을 감당한다.

글을 쓰는 사람은 백열등 불빛을 받고 있는 하얀 백지가 뿜어내는 공포를 수없이 체험한다. 그 작은 종이를 지켜보노라면 지나가야만 하는 광대한 사막이 떠오른다. 난, 그 속의 추방자. 오직 한 통의 물만을 들고 사막으로 들어서는 두려움을 느낀다. 저 사막 끝까지 가려 하지만 대부분은 사막 중간을 지나지도 못하고 쓰러져 하얀 백골로 남는다.

그 백골의 주인공이 기어갔을 마지막 포복을 상상한다. 난 A4 백지를 들여다보면 왜 사막에 놓인 죽음의 형해形骸가 생각나는지 모르겠다. 그 황톳빛 사막에 놓인 검은 그림자 하나. 그런 첫 단어가 첫 단락을 이끌어간다. 어쩌다가 글 맥이 술술 풀리는 운 좋은 경우가 있긴 하지만 대개는 바람만 지나가는 황막한 벌판에 외로이 던져진 느낌을 받는다.

첫 줄 단어가 지닌 이미지와 무늬와 결을 생각하여야 한다. 첫 줄은 당신이 살고 있는 현실을 반영한다. 첫 줄은 당신이 숨겨온 감정과 상처를 드러내기 시작하는 첫 분화구이다. 분출하려는 진동의 느낌을 하얀 백지에 담을 필요가 있다. 첫 단어가 두 번째 단어와 이미지와 무늬와 결을 만들어낸다. 당신의 성격과 기분을 나타내는 첫줄에 앵글을 맞추면 다음 문장과 그다음의 문장과 의미가 만들어진다. 이것들이 상호과정을 거치면서 연쇄의 법칙을 스스로 구현한다.

첫 단어가 적히는 순간 당신이 아니라 글이 글을 써내려간다. 중요한 것은 문장력이나 표현력이 아니다. 글을 잘 쓰려면 글쓰기 기술이 필요하지만 참모습을 이야기로 풀어나가겠다는 백지와의 서약誓約이 필요하다. 첫 단추를 뀐다는 마음으로 "글쓰기로 글쓰기를 이어가는 글쓰기"를 단련한다면 체면은 차릴 글이 쓰일 것이다.

난 여전히 A4가 갖는 하얀 여백의 공포감을 지울 수 없다.

책을 읽는 여름

올해는 여름나운 여름이 기승을 부린다. 이 무렵이면 사람들은 산으로 들로 바다로 나간다. 소위 무더위를 피한다는 피서 나들이다. 바다와 계곡마다 사람들이 발 디딜 틈이 없지만 그들이 피서를 나서는 이유를 살펴보면 도시의 무더위를 피하기 위해서라기보다는 몸과 마음의 갈증을 풀어줄 물 때문이다. 물이 지천으로 넘치는 도시를 벗어나 자연 속의 물을 찾아 나서는 것이다.

아쉽게도 도시에 있는 물은 사람의 마음을 씻어주지 못한다. 매일 몸을 씻고 광장에서는 분수가 치솟고 수도꼭지를 틀자마자 물줄기가 흐를지라도 사람들은 그 물소리가 아닌, 다른 물소리를 듣고 싶어

한다. 그러고 보면 해안에서 철썩이는 파도라든지, 골짜기를 세차게 굴러 내리는 계곡물이라든지, 푸른 산기슭을 쓰다듬는 호수 물은 가까이 가기만 하여도 마음이 느긋해진다. 왠지 가슴속까지 시원해지는 기분이 들기도 한다.

이러한 물에는 자연의 숨결이 배어있다. 그 속에는 바람 소리가 숨어 있고, 숲속 벌레와 하늘을 나는 새들의 울음마저 깔려있다. 물소리만 들어도 자연에서 울리는 모든 소리를 들을 수 있다. 그 소리가 있어 마음이 맑아지고 깨끗해지게 된다.

언젠가 부산 인근 어항인 기장을 지난 외진 바닷가에 간 적이 있다. 갈매기마저 오수를 즐기는 때였다. 야트막한 황토 언덕으로 올라서자 일순간에 마을과, 어장과, 그물과 승합차와 꼼지락거리는 사람들의 모습이 한눈에 들어왔다. 부산을 조금만 벗어나도 이토록 한적한 포구가 있나 싶을 정도로 조용하기 이를 데 없는 해변이었다.

사방은 더없이 조용했다. 차 소리도, 사람 소리도, 하다못해 통통배 소리도 들리지 않았다. 다만 포구를 멀찍이 벗어난 곳에서는 하얗게 부서지는 파도가 바위투성이의 해안을 쉬지 않고 때리고 있었다. 그 파도 소리만이 바람에 실려 언덕까지 들려왔다. 들리지 않았을지도 모른다. 그러나 보는 것만으로 들리는 듯했다. 낯설지만, 낯익은 소리였고, 귀에 선하기만 한 소리였다.

어딘가 다른 데서 그러한 소리를 들은 듯하다. 책이었다. 책을 넘기면서 그 소리를 들은 적이 있다. 그러고 보면 책과 바다는 닮은 점이 많다. 우선, 빗장과 울타리가 없다. 책은 펼치기만 해도 무한한 지식과 다채로운 감성을 전해준다. 사방으로 트여있어 무엇이든 담을 수도 있다. 나아가 책과 바다는 읽든, 듣든, 사람의 귀천을 가리지 않는다. 책과 바다 앞에서는 아무리 지위가 높은 사람일지라도 겸허해질 수밖에 없다. 무엇보다 책과 바다는 어떤 아픔과 고통일지라도 감싸 안는 포용력을 보여준다.

공통점을 더 꼽으라면 바다와 책은 밖으로 열려있다고 하겠다. 책을 읽은 만큼 시야가 넓어지고 먼바다로 나아갈수록 수평선이 사람을 에워싼다. 모든 인간사를 담아내면서 사람을 이해해주는 마음은 또 얼마나 넓은가. 그래서 피서를 나설 요량이면 한 권의 책을 지니고 나서는 여유를 가지면 좋겠다.

가져간 한 권의 수필십을 펼쳐 든다. 오후의 불쾌지수가 책의 골을 타고 단숨에 씻기는 기분이 든다. 오늘따라 황갈색 표지 위에 물결치는 갈색 물결이 더욱 외롭게 느껴진다. 숱한 밤을 지새우며 하나씩 엮어냈을 작품 한 편 한 편을 대하는 순간, 책의 주인이 내 앞에 서는 것처럼 느껴진다. 작품을 읽는 시간은 작가를 만나고 그를 통해 또 다른 세상을 만나는 시간이다. 수필집의 무게가 가벼울지라도 그는 틀림없이 단단하고 넓은 심성을 지녔을 것만 같다. 그래서 흙빛 대지에서 여름날의 푸른 바다를 바라보다가 책을 읽으면 가슴이 더욱 트여지는 기분이 든다.

어떤 때는 계곡의 그늘에서 책을 읽기도 한다. 그땐 여름 햇빛

같은 하얀 바탕에 나뭇잎 그늘 같은 점이 박힌 책이면 더 좋다. 그냥 쥐고만 있어도 스쳐 지나간 이웃, 잊었던 사람들의 세상 살아가는 이야기가 계곡물만큼이나 가슴을 시원하게 해준다. 그럴 때면 손가락이 저절로 내가 읽고 싶은 제목을 찾아준다. 내가 책을 고르는 것이 아니라 책이 나를 택한다고나 할까. 책갈피가 누진할수록 수필가의 마음은 더욱 부드럽고 따뜻할 것만 같다.

여름철, 햇살과 바람이 후끈거릴수록 선선한 이야기가 그리워진다. 책 속에서 바람 소리를 듣고 싶어지기도 한다. 바닷가에서 책을 펼쳐 들면 바다를 멀리하는 것이 아니다. 산골에서 책을 읽어도 계곡물 소리가 옅어지는 것이 아니다. 책 속에도 사람이 사는 바다와 계곡이 있어 진정한 파도, 낙수, 유수, 심지어 빗소리도 들으며 여름 풍경을 음미할 수 있기 때문이다. 그러면 나무 그늘마저 더욱 넓어지는 기분이 든다.

책은 사람들이 모여 사는 자연다운 동네이다. 그만큼 여름철의 나들이에 손에 든 한 권의 책은 바다와 계곡과 강과 같은 청량제 역할을 한다. 그 속에서 울리는 사람 사는 소리와 또 그것을 잠재우는 소리는 가을 귀뚜라미만큼이나 청아하다. 그렇다면 여름철에 읽는 책은 가을의 전령사다.

다시 바보가 되어

기억하시나요.

무궁화꽃이 피었습니다/무궁화꽃이 피었습니다/무궁화꽃이 피었습니다/무궁화꽃이 피었습니다/무궁화꽃이 피었습니다/무궁화꽃이 피었습니다/무궁화꽃이 피었습니다/무궁화꽃이 피었습니다/무궁화꽃이 피었습니다/무궁화꽃이 피었습니다…

혓바닥이 구르다 못해 불연기가 피어나도록 재빠르게 열 번을 하면 100을 헤아리거든요.

그동안 술래만 나무 기둥에 홀로 남겨두고 모두 숨을 곳을 찾아

장독 뒤, 부엌 안, 심지어 변소로 가지요.

그래요, 머리 좋은 아이는 안방 장롱 안까지 들어갔어요.

하나 찾고, 둘 찾고, 셋 찾고, 넷 찾고…….

나머지 한 명을 찾을 때까지 집 안팎을 이리 돌고 저리 돌고, 술래 기둥을 지키느라 힐끔거리며 이번에는 발바닥에 발통이 달린 듯이 부지런히 돌아다녀요.

그런데 아무리 해도 찾지 못한 마지막 친구가 있으리라고 믿은 변소 문을 확 열어보아도 그 애는 없잖아요.

혹시 저그 집에 가버렸나 하고 갔다가 술래 기둥으로 돌아오니 글쎄 마지막 동무가 손을 기둥에 턱 붙이고 웃고 있잖아요, 걔는 술래 기둥 마루 밑에 숨었던 거예요.

그때 기분 아시죠.

모두 찾지 못했다는 아쉬움이 있지만 마지막 친구가 환하게 웃으며 우쭐대며 서 있는 모습.

밉기도 하지만 반갑고, 얄밉지만 대견스러운, 그래서 다시 술래놀이는 이어지지요.

그런데…….

꼭꼭 숨어라 머리카락 보인다/꼭꼭 숨어라 머리카락 보인다/꼭꼭 숨어라 머리카락 보인다/꼭꼭 숨어라 머리카락 보인다/꼭꼭 숨어라 머리카락 보인다/꼭꼭 숨어라 머리카락 보인다/꼭꼭 숨어라 머리카락

보인다…

혼자만 들키지 않은 채 꽁꽁 거름 뒷담에 숨어 이 말을 합창하는 동무들의 소리를 들으니 왠지 외롭더라고요.

그래서 다른 곳으로 숨는 척 몸을 조금 드러내어 일부러 들켰지요.

이제 어른이 되어 종종 외로워지니 다시 술래 놀이를 하네요. 어른인 나는 술래이고 꽁꽁 숨은 친구들은 좀처럼 모습을 드러내지 않아요. 집안에서 찾고 마당에서 찾고 나무숲에서 찾고 들판과 산에서 찾고 때로는 아파트 동네를 돌아다녀도 그 친구는 모습을 잘 드러내지 않아요. 그 친구는 내겐 꼭 찾아야 하는 글이랍니다.

얼른 얼른 나오너라 길동무 찾아 나오너라/ 얼른 얼른 나오너라 길동무 찾아 나오너라/ 얼른 얼른 나오너라 길동무 찾아 나오너라/ 얼른 얼른 나오너라 길동무 찾아 나오너라/ 얼른 얼른 나오너라 길동무 찾아 나오너라…

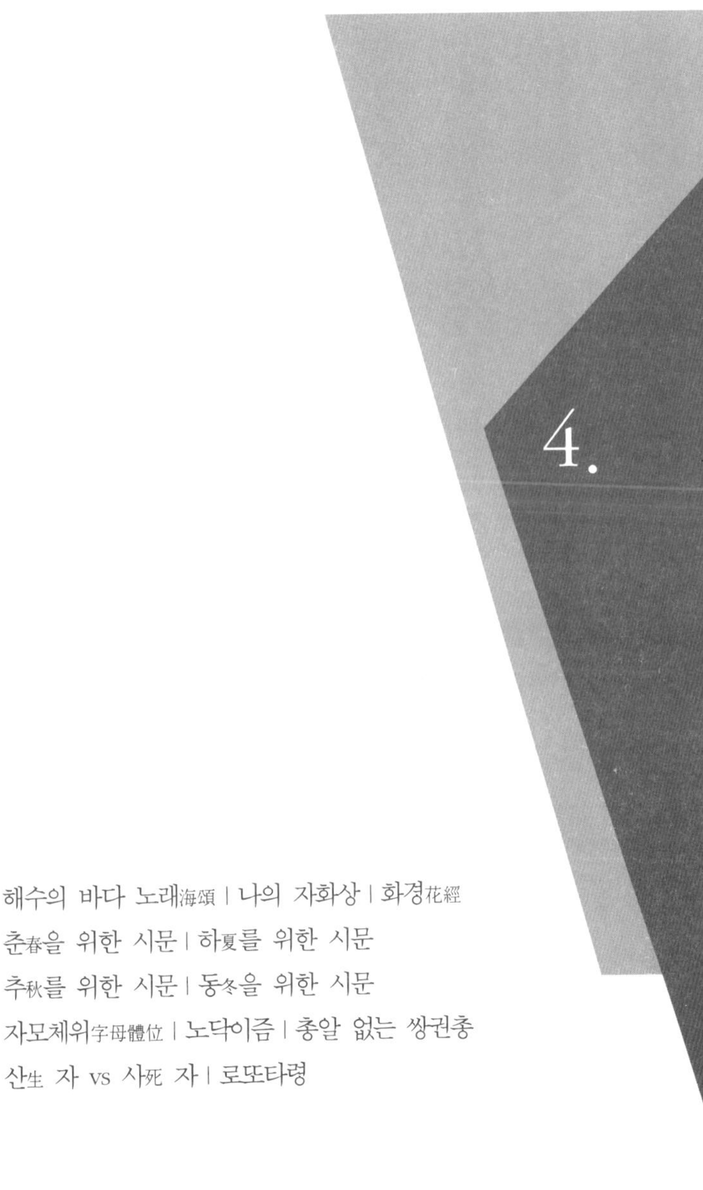

4.

해수의 바다 노래海頌 | 나의 자화상 | 화경花經
춘春을 위한 시문 | 하夏를 위한 시문
추秋를 위한 시문 | 동冬을 위한 시문
자모체위字母體位 | 노닥이즘 | 총알 없는 쌍권총
산生 자 vs 사死 자 | 로또타령

해수의 바다 노래海頌

무인도 바다

바람과 파도만 살고 있는 섬이 있네요. 한여름 섬에는 레인보우꽃이 피어나고 겨울엔 물개와 물새들만 둥지를 틀어요. 그곳은 육지가 버린 무인도라네요. 간혹 배낭 하나만 메고 뙤약볕으로 몸통 굽는 하이크들만 수만 년 세월이 쌓인 길을 찾아온다네요. 돌고래 쫓아 바람 따라 온 그들이네요. 바다가 있어 섬이 있다면 대양이 있어 무인도가 있어요. 바다를 닮으려는 사람에게만 몸을 허락하는 산티아고를 닮은 섬 오직 바람만을 받아들이는 허파, 태초 그대로의 깊고 푸른 눈빛도 여기서 마주보네요. 붓과 펜을 든 자만이 이곳의 신성한 모습을 지도로 그려낼 수 있어요. 하얀 태양빛, 칼보다 시린 물물물, 붉은 열기로 타버린 풀줄기, 그 가운데 핀 자줏빛 선인장꽃이 섬이 키우는 생명이네요. 해가 지면 모든 인간들이 떠난 그때 섬은 비로소 섬으로 태어나는군요. 그곳에 가면 바다 속을 헤엄치는 청어가 되어 보세요. 푸른 바닷물로 온몸을 물들이고 붉은 산호로 문신을 그리면 바다의 새로운 후예가 될 거예요. 생은 끝없는 떠남이지만 무인도만은 영혼을 받아주는 은둔처라요. 무인도에서는 모든 게 멈추지요.

해족의 경배

태평양을 바라봅니다. 파도 소리가 따뜻하고 해변모래는 포근하고 바람은 감미롭습니다. 끝없는 모래 벌은 모든 사람을 받아들이는 포근한 아라비아 카펫과 같습니다. 파도는 해변으로 다가올수록 두 귀와 두 가슴을 먹먹하도록 두드립니다. 내게로 들어오라 들어오라 손짓발짓 합니다. "아파 고달파 쓰네 아프네" 말은 하지 말고 "푸르리 붉으리 잿빛이리 검으리"라는 초연한 자세를 배워라 합니다. 해풍에 날리는 물보라가 발끝 허벅지 허리를 올라와 어깨에 내려앉습니다. 그 꽃잎 같은 물막을 달리 어디서 찾을 수 없습니다. 바다 구름이 황금 꽃술이 되었다가 검은 장미로 펼쳐지면 범선 불빛이 눈에 들어옵니다. 멀리 빛나는 등불이 있음을 잊지 말거라. 억겁 어둠도 그 빛을 가리지 못하지 않느냐. 네 맥박도 파도만큼 세차니 사랑하되 두려워말라 합니다. 그 바다를 스승으로 삼습니다. 물새 빗금 긋는 해변에서 수평선을 미주하고 바다에 몸을 담그면 더 세게 더 부드럽게 더 따뜻하게 사랑하라는 말이 들립니다. 꿈속에서조차 귀 기울이고픈 청의를 입은 스승의 말씀입니다. 바다가 해족海族의 후예에게 전하는 귀한 가르침입니다.

남극해의 영혼

바다가 나는 거야. 아니면 파도가 미친 거야. 그것도 아니면 바람이 난장의 춤을 추는 거야. 푸른 춤 검푸른 춤 붉은 춤, 검은 춤 밤낮 하늘로 치켜드는 은빛 물보라를 일으키는 거야. 부리고래가 지나가면 남태평양 너머의 남극 빙하까지 출렁댈 거야. 그러면 절벽 틈에 몸을 박고 있던 펭귄은 그 광기 속으로 뛰어드는 거야. 그곳에선 바람이 혼이고 파도가 몸이야. 바다란 그런 거야. 해수는 천천히 몸을 숙여 펭귄처럼 남극 파도에 묻혀 레퀴엠을 듣는 거야. 꽃처럼 몸을 던지는 거야. 바람 춤을 추며 파도에 삼켜지는 거야. 무엇이든 남극 바다로 들어가면 빙벽에 갇혀 영생을 누리는 거야. 그 영혼이 파도가 되는 거야. 노마드노마드노마드 모두가 흙에서 떠나 다시 심해로 돌아가는 거야. 빙원은 그 영혼들만이 모여 사는 백설의 제국이야. 무변의 바다가 지켜주는 하얀 무덤인거야. 죽었다 살아나는 유일한 혼불인거야.

바다의 육성

바다는 몸이다. 새는 날개이고 해초는 발이고 파도는 팔이고 섬은 머리다. 해면을 가르는 배조차 바다의 손이다. 바다는 세상의 모든 것이 점과 선으로 만나는 거인의 몸뚱이다. 물고기 천국으로 사람들의 욕망이 들어간다. 욕망이 내장이 되고 번뇌가 고름이 되고 화물을 실은 배가 허연 상처를 내어도 바다는 자신을 스스로 고치는 유일한 의사이다. 아무도 흉내 낼 수 없는 너그러움으로 사람의 슬픔과 분노와 변덕을 받아주는 태초의 자궁이다. 늘 흘러가도 언젠가 끝나리라는 희망을 그린 삶의 초원이다. 인간을 위해 제 몸을 바치는 공양의 공간이다. 그의 노래를 들어보면 누구나 세상에 혼자라는 생각이 들지 않는다. 바다를 사랑하는 사람들이 바다를 새롭게 칠한다. 연푸른 파스텔로 푸른 유화 물감으로 바다를 그린다. 그래도 바다가 지닌 거룩한 몸가짐을 그릴 수 없다. 단 한번이라도 멀리 멀리 나아가 바다의 바다를 찾아야한다. 어둠을 깨고 바다를 찾으러 나서려는 사람만이 첫소리를 듣는다. 바다와 같은 벗이 있는 한 해인海人은 견뎌낸다. 그러니 바다에서는 더 이상 다툴게 없다.

바다의 기도

그곳 바다는 고즈넉하리라. 육지와 육지 사이의 바다는 마냥 고즈넉하리라. 항구와 어촌을 오가는 갈매기는 언제나 고즈넉하게 날개를 펴리라. 바닷가에 늘어선 나무와 바위도 한결 고즈넉하리라. 배들이 일으키는 물살이 잔잔해지면 바다 빛은 더욱 고즈넉하리라. 큰 물고기 떼가 지나가도 바다는 묵묵히 고즈넉하리라. 파도를 일으키는 바람조차 달빛이 고스란히 내리고 별빛이 해면을 만나는 그때의 바다는 참으로 고즈넉하리라. 파도와 바람과 바위와 해송이 해자海子을 맞아 주는 날, 시간조차 더 없이 고즈넉하게 흐르리라. 해무로 몸을 감고 해무로 덮힌 바다를 바라보면 누구나 고즈넉하게 무릎을 꿇으리라. 그땐 하늘을 날던 갈매기도 돛에 앉아 고즈넉하게 지평선을 바라보고 있으리라. 그런 바다를 품고 있는 사람은 늘 깊은 고즈넉함을 지켜 나가리라. 바다에서는 사랑도 하늘을 향해 가리라.

나의 자화상

나만 한 사람 나와 봐라. 잘 나갈 때는 누구나 이 말을 한번 쯤 하였을 텐데 6학년 언덕을 거의 오르느라 작던 키가 더 작아져 거울을 들여다보니 저 놈이 뉘인고, 꼼꼼히 살펴보니 주름살 주근깨 저승꽃 하나둘 찾아오는 얼굴이 내 것이로다.

의로운 자는 얼굴이 범虎상이고 인자한 자는 부처상이고 재주가 있는 자는 쥐鼠상이고 너그러운 자는 소牛상인데 토끼상은 소심하고 속 좁고 남의 속 터지게 하고 제 꾀에 속는 것인데 그 내 꼴이 영락없이 남자 고개 숙이는 시대의 별종이라 이래저래 그 기상도 거덜 난 졸상卒相이 처량하구나.

자네 얼굴이 왜 그런가, 자네 얼굴은 왜 그런가, 자네 상이 그러니까 내 상이 그런 게 아닌가, 무슨 말인가 자네 면상이 그런 건 자네 때문이지 왜 내 면상 탓 하는가, 아니 자네 면상이 그러니 내 비친 상이 그렇지 않은가, 내일 속에서 티격거리네.

화가라면 어찌 그릴까, 조각가라면 어떻게 만들까, 글쟁이라면 어떻게 쓸까, 그 무엇이든 반성한다는 어눌한 표정만 적을 것인 즉 나는 속 찬 젠틀맨 상을 그리겠노라 하였더니 화선지가 성깔 내어 찢어지는구나, 생각하니 비로소 알겠구나, 자화상을 그리는 획 하나에도 욕심을 버려야 반 푼이나마 제대로 그려지는걸.

상을 요리조리 성형한 듯 그리고 나니 제각각인지라 조금이나마 닮았을까 살펴보니 눈은 좌우 비대칭이요, 왼쪽 이마는 숱이 엉성하고 턱은 거무튀튀하고 안경은 약간 비뚤한 게 영락없이 무정형 산문시 같구나. 그나마 볼 만한 것이 반듯하고 두툼한 코뿐이라. 오직 바라는 바는 심성이 털털하고 간혹 코믹한 짓도 사양하지 않아 평소 까다롭다는 오명을 벗고 싶은 속내를 그려내고자.

화경花經

세상에 가장 신성한 것이 신의 말씀이다. 신의 말씀을 적은 것이 경전이다. 어쩌다 펼쳐진 꽃밭을 대하면 '꽃이 말한다'는 생각이 든다. 꽃이 신의 말씀만큼 성스럽다는 생각이 든다. 홀로 핀 꽃을 대하면 "그래, 그랬어."라고 경탄한다. 아무도 모르게 홀로 솟는 꽃술을 지켜보면 "그래, 그런 것이야."라는 말이 나온다. 그게 꽃과 말의 예蘂이고 촉觸이고 아芽이다.

살며시 눈을 감으면 꽃들이 몸을 일으킨다. 나란히 서서 글자를 만든다. 단어가, 문장이, 단락이 이어지고 마침내 한 권의 책이 마음에 안긴다. 시설柹雪 이야기가 보태지고 작은집 무릉도원이 그려지고 언젠가 타고 싶은 꽃수레도 떠오른다. 눈이 흐려지고, 손발도 무디어지지만 아직은 머리와 가슴이 쓸 만하다는 처지를 헤아려 꽃으로 말씀하시려는 신의 배려인가 싶어 눈가가 시려진다.

그렇구나.

꽃밭이 책이고 도서관이구나. 꽃밭이 팔만대장경이구나.

춘春을 위한 시문

해마다 봄은 돌아온다. 모든 것이 다시 시작한다. 꽃이 새로 피고 바람은 다시 포근해지고 나무와 잎도 다시 푸르러진다. 봄이 오면 나뭇가지에서, 물 위에서, 둑에서 달콤한 기운이 돈다. 모든 게 멋을 낸다. 영춘화가 피고 꽃다지가 흙 위로 솟고 머위나물이 고추장과 어울리고 풋매실이 군침을 돋게 한다. 그런 생중사가 있다는 게 행복하다 못해 눈물겹다.

복사꽃 피고, 복사꽃 지고
뱀이 눈뜨고
초록색 비 무처오는 하늬바람우에 혼령있는 하늘이여
피가 잘 도라…아무 병도 없으면 가시내야

슬픈 일좀 슬픈 일좀, 있어야겠다

— 서정주, 〈봄〉 전문

시인들은 너무 행복하면 주체하지 못하고 눈물을 흘린다. 혈관에 봄기운이 시내처럼 흘러내리므로 김기림이 "4월은 게으른 표범처럼 인제사 잠이 깼다"고 탓하지만 윤동주는 "三冬을 참아온 나는 풀포기처럼 피어난다"고 자신의 부활을 확신한다. 조병화도 "항상 봄처럼 새로워라"라고 용기를 준다. 예찬한다. 만일 봄이 오지 않는다고 고집 피우면 몸에 앞서 마음이 먼저 죽어버릴 것이다.

봄의 계절은 5월이다. 사랑하는 사람과 함께 하고 싶은 계절이다. 아카시아 흰 꽃이 하얀 딩굴로 마을로 찾아들고 꽃의 여왕인 장미도 담장을 뒤덮기 시작한다. 그럴 때 어찌하는가. 사랑하는 사람에게 짐짓 꽃놀이를 하자고 연락을 띄운다.

오월의 하루를 너와 함께 있고 싶다.
오로지 서로에게 사무친 채
향기로운 꽃 이파리들이 늘어선 불꽃 사이로
하얀 자스민 흐드러진 정자까지 거닐고 싶다.

— 라이너 마리아 릴케, 〈오월의 하루를 너와 함께〉 일부

봄을 찬미하는 많은 구절은 자연스럽게 노래의 제목이 된다. "강이

풀리면" "나물 캐는 처녀"는 "임이 오시는지" "기다리는 마음"을 "꽃구름 속에 날리고" "사랑의 기쁨"은 "산들바람"에 날리며 "청산에 살리라"를 노래하는 총각의 뒷모습을 남몰래 바라본다.

봄이 언제 오는가를 가르쳐 줄 필요도 없다. 모두가 스스로 알아차린다. 새싹이 나무에서 돋는 것도, 새들이 하늘로 나는 것도, 나비가 꽃 꿀을 찾는 것도 저절로 안다. 김광섭도 〈봄〉에서 "아가씨 창인줄은 또 어떻게 알고 고양이는 울타리에서 저렇게 울까"라고 짚어냈다. 봄을 가장 잘 읊은 시인은 섬진강 시인 김용택이다. 그는 강물이 풀리고 진달래가 피고 매실이 열리는 풍경에서가 아니라 떨어지고 시들고 마르는 현장에서 봄을 찾는다.

화병 아래
산당화 꽃이 떨어져 있네요
팔 베고 모로 누워 꽃잎을 바라봅니다
하나 둘 셋 넷 다섯
산당화 꽃잎은 다섯 장이네요
산당화 꽃잎이
다섯 장인 줄
알 때
그때
사랑이네요

— 김용택, 〈산당화〉 일부

피어난 꽃보다 떨어진 꽃이 우리를 멈추게 한다. 안 보는 척하면서 시선을 멈추는 순간 생각이 무한대로 뻗어간다. 피든 지든 꽃은 꽃이며, 구름이든 비든 모두 물이며 사랑이든 미움이든 모두 그리움이라는 것이다. 그것을 깨닫지 못하고 피는 꽃에서만 봄을 찾는 것은 도리가 아니다. 언젠가 봄날은 간다는 마음이어야 보이지 않던 봄의 진경眞景을 만날 수 있다.

내려갈 때
보았네
올라갈 때
보지 못한

그 꽃

— 고은, 〈그 꽃〉 전문

세상에서 가장 짧으면서 긴 길은 어디에 있을까. 고은의 〈그 꽃〉 안에 있다. 바라봄의 대상은 꽃이지만 주체는 '나'이다. 내가 누구인가에 따라 "다시는 헤어지지 말자, 꽃이여"라는 약속이 정해진다. 자식에게 꽃은 세상을 떠난 부모이고 연인이 꽃이라면 떠나도 그리운 사람이다. 인생이라면 아마 구원의 절대자라 하겠다. 그 구원의 증거를 내리막길에서 찾는다. 요즈음 사람들은 그런 봄을 인내심 있게 기다리지 못한다. 손쉽게 스마트폰에 봄의 갖가지 소리와 빛과 물결을 저장하고 여차하면 지하철에서도 클릭을 하여 봄 경치를 본다. 그럴지라도 시련과 인고를 바탕으로 하지 않은 경우라면 봄이라 부를 수 없다. 그것을 해마다 깨우치는 때가 5월 하순경이다.

하夏를 위한 시문

한 해 허리가 접힌다
계절의 반도 접힌다
중년의 반도 접힌다
마음도 굵게 접힌다

동행 길에도 접히는 마음이 있는 걸
헤어짐의 길목마다 피어나던 하얀 꽃
따가운 햇살이 등에 꽂힌다

— 목필균, 〈6월의 달력〉

목필균 시인은 한해의 반을 접는 아쉬움을 하얀 꽃으로 노래한다.

그의 6월에는 꽃 이름이 없다. 흰 꽃이면 모두 6월의 꽃이다. 아카시아 꽃, 개망초, 감자꽃. 이들은 초여름 햇살처럼 맑고 순수하다. 첫 아지랑이처럼 가슴을 부풀린다.

누구나 그런 마음으로 여름을 맞고 싶다. 맑고 순수하게 반년을 보냈으면 나머지 여섯 달도 더 맑고 더 순수하게 보낼 수 있으리라 기대한다. 달빛 아래 감자꽃처럼, 길섶 아카시아 꽃답게.

여름에는 바람에 날리고 싶다. 생의 반과 반의반을 이미 넘겼으므로 조금은 그냥 풀어버리고 싶은 것도 있다. 그건 여름의 시간이다. 살아갈수록 몸과 마음을 풀고 가고 싶은 곳이 많다. 인간이 자동차 바퀴를 만든 이유도 더 빨리, 더 멀리, 더 자주 떠나기 위해서다. 진정 여름을 맞이하려면 노마드처럼 걸어야 한다. 그러면 어디를 가든 풀벌레 소리와 달빛을 받으며 노변 저녁을 걷는 덤을 얻을 수 있다.

40여 년 전 울릉도 여름 산길에서 대학생이 밥을 지어먹을 때 파도소리와 달빛이 밥그릇에 하얗게 얹혔다. 안개 낀 어스름한 바다 끝, 캥거루와 아침 인사를 나누던 초원, 끝없이 별빛 조각이 뿌리던 록키 계곡, 붉은 장미 한 송이에 이슬처럼 매달린 태평양 해변의 별빛, 청운사 백련의 향기… 그 순간순간이 여름을 식히는 촉鏃이다.

나는 말하지 않으리, 생각하지 않으리.
하지만 끊임없는 사랑은 가슴속에 피어오르리.

그래서 나는 가리, 멀리, 아주 멀리, 떠돌이처럼, 자연 속으로,
— 애인과 같이 가듯이 아주 행복하게

— 아르튀르 랭보, 〈감각〉

랭보가 15세 때 지은 시다. 16세 때 '시인은 견자見者가 되어야 한다'고 선언했던 그의 시를 거듭 읊으며 말이, 생각이, 애인이 없어도 아주 멀리 떠나고 싶다는 고독의 극점에 나도 모르게 눈물을 흘렸다.

내겐 많은 "잊을 수 없는 휴가"가 있다. 그건 떠나지 않으면 견딜 수 없는 시간이 만든 것이다. 인생 자체가 길이다. 잊지 못할 휴가, 그게 인생살이다. 인생은 지워지지 않을 단 한 번의 추억여행이라고 살아본 사람은 말한다. 〈귀천〉이라는 시도 "이 세상 소풍 끝나는 날/ 가서 아름다웠다고 말하리라"고 '굿바이 세상'을 노래한다.

그러니 8월에는 바다로 가자. 바다는 외로운 영혼이 새처럼 나를 수 있는 푸른 땅이다. 나를 버리고 너에게로 가는 바람의 나라이다. 진정한 혼과 혼이 만나는 신성한 석양의 나라이다. 그것에서만 진실로 순수한 꿈을 나눌 수 있다.

8월의 바다
그 바다 저 편
한 번도 가 본 적 없는
숲으로 떠 있는 외로운 섬 하나
하얀 갈매기 날으고

구름도 쉬어가는 그곳
그곳에 혹시
보고픈 연인이라도 머물고 있지나 않을까

그래서
그 섬은
늘 그리운가 보다

— 이채, 〈8월의 바다〉 일부

얼마나 많은 시인들이 바다에서 사랑을 알았는가. 8월의 바다에서는 많은 연인들이 만나고 헤어진다. 그들에게 바다는 열정이면서 비애의 장소이다. 인생이란 가는 것이 오는 것이고 오는 것이 가는 곳이지만 바다 세상은 온통 푸른빛이다. 삶에 멍든 퍼런빛이 바닷물빛이다. 그래서 죽음에 가까운 상처를 입은 자는 바닷물에 몸을 담그고 다시 청어처럼 솟는다.

추秋를 위한 시문

한 잎 두 잎 나뭇잎이
낮은 곳으로
자꾸 내려앉습니다
세상에 나누어 줄 것이 많다는 듯이

나도 그대에게 무엇을 좀 나눠주고 싶습니다
— 안도현, 〈가을 엽서〉 전반부

9월은 결실의 계절이다. 농부들은 곡식을 거두어들이고 아이들은 과일을 먹으며 참새도 배를 불린다. 하지만 시인들은 떨어지고 스러지고 묻히는 낙엽에서 희생과 적선의 미덕을 떠올린다. 9월은 고개를 가만히 떨어뜨리는 겸양의 달력, 그것을 안도현은 죽음이 아니라 베풂과 나눔의 부활이라고 전해준다.

아무튼 9월에는 이별과 죽음의 노래가 가슴을 울린다. 사람도 자연도 떨켜 자국만 남긴다. 문병란 시인이 "울타리에 매달린 나팔꽃도 때 묻은 손수건을 흔들고"라고 말할 때 조병화는 "세상사 떠나는 거비치파라솔은 접히고 가을이 온다"라고 화답한다. 그래서인지 모르나 9월이면 대중가사조차 시적 향기를 풍긴다. 동서양을 불문하고 만일 9월의 사랑과 이별을 빼버리면 시와 대중가요의 반은 사라져버릴 것이다.

> 구월이 오는 소리 다시 들으면
> 꽃잎이 지는 소리 꽃잎이 피는 소리
> 가로수의 나뭇잎은 무성해도
> 우리들의 마음엔 낙엽은 지고
> 쓸쓸한 거리를 지나노라면
> 어디선가 부르는 듯 당신 생각뿐
>
> — 패티 김, 〈9월이 오면〉 일부

나는 패티 김의 〈9월이 오면〉을 좋아한다. 가을이면 시보다 노래에서 가을이 오가는 소리로 듣고 낙엽을 사랑의 소리로 해석하고 싶다. 가을 소리를 들으며 하늘을 지켜보는 사람은 누구일까. 괴테는 그리워해 본 사람만이 홀로 9월의 하늘을 응시할 수 있다고 말한다. 이렇듯이 가을 하늘에는 이별이 있다.

가을에는
호올로 있게 하소서…

나의 영혼,
굽이치는 바다와
백합의 골짜기를 지나,

마른 나뭇가지 위에 다다른 까마귀같이.

— 김현승, 〈가을의 기도〉 일부

김현승의 〈가을의 기도〉는 "가을에는/ 사랑하게 하소서…/ 오직 한 사람을 택하게 하소서"라는 구절로 더 잘 알려져 있지만 이 시의 키 워드는 "호올로"에 있다.

사람들은 홀로 있으면 무엇을 하는가. 중국고전인 〈대학〉에서는 "군자신독君子愼獨"이라 하였다. 그만큼 홀로, 더욱이 단풍이 물들고 낙엽이 떨어지는 가을에 홀로 마음을 지키기는 참으로 어렵다. 가을에는 많은 사람들이 홀로 방황한다. 오세영은 더 이상 잃을 것이 없는 가을에 "나 홀로 남아있다"고 깨치고, 황동규도 시월 강변에서 "이제는 홀로 남아 따뜻이 기다리니" 하고 체념으로 빠져든다. 과거에 뜻을 두지 않고 술과 시를 즐기며 자유분방한 일생을 살았던 조선 중기의 시인 권필은 가을날의 고독을 "黃葉向人飛—누런 잎만 날 향해 날려 오누나."라고 한탄하였다.

시인묵객은 10월이면 '호올로 고독'을 견디기 위한 기도를 한다. 고독에 대한 두려움을 호소하는 절절한 기도가 시다. 기도는 언제 할까. 인간이 더 이상 아무것도 할 수 없을 때이다. 그래서 가을에는 어느 때보다 기도의 포즈를 취하고 싶어진다.

> 가을에는 기도하게 하소서.
> 쓸쓸함으로 그려내는 가을이 아닌
> 아름다움으로 그려내는
> 한 폭의 수채화이게 하소서.
>
> — 하이네, 〈가을의 기도〉 일부

하이네의 기도에는 쓸쓸함을 지우려는 소망이 들어있다. 그 방법은 사람마다 다르다. 김남조는 "가을엔 사랑하게 하옵소서"라고 말하고 목필균은 "거울처럼 얼룩진 마음을 닦고 싶기"를 원하고 로버트 프로스트는 "낙엽 하나조차 아주 천천히 떨어지기"를 간구한다. 주기도문도 "우리가 우리에게 죄지은 자를 사하여 준 것같이 우리의 죄를 사하여 주옵시고"라고 간구한다. 한 해를 두 달 남겨둔 10월에 무엇을 할까. 사랑을 원하기 전에, 고독의 아픔을 토로하기 전에 먼저 용서를 주고받는 것이다. 아주 작은 용서까지.

기도를 하려면 "호올로"가 되어야 한다. 그때만이 당신의 절대자와 만날 수 있다. 우리 주변에는 그러한 스승들이 적지 않다. 가을 벌판에서 가만히 고개를 숙인 벼, 바위틈에서 허리를 깊게 굽힌 노송, 묵정밭에서 오체투지 하는 작은 달팽이…. 그들이야말로 시보다도 기도문보다도 더 간절한 기도의 포즈들이다. 가을 숲이 기도하는 자들을 위한 거대한 사원이다.

> 굴참나무에서 내려온 가을산도
> 모자를 털고 있다
> 안녕, 잘 있거라
> 길을 지우고 세상을 지우고 제 그림자를 지우며
> 혼자 가는 가을길
>
> — 김종해, 〈가을길〉 일부

나는 인적 없는 숲길을 좋아한다. 생의 진경을 그 길섶에서 만난다. 숲 중에서도 하나의 죽음으로 다른 생명을 태어나게 하는 가을숲이 가장 찬란한 숲이다. 그래서 삶이 늦가을처럼 버거우면 유안진이 〈세한도 가는 길〉에서 말한 "오십령 고개부터는 추사체로 뻗친 길"을 걸어보자. 그리고 앞서 떠난 선지자가 만든 길에 감사하자.

시간조차 숨어 흐르는 길에서.

동冬을 위한 시문

겨울에는 어떻게 살고 사랑하는가. 차가운 바람이 밤낮 불고 찬 눈이 온통 깔려 새들이 먹을 것이 없어 눈밭에 쓰러질 때도 누구와 살고 무엇을 사랑해야 하는가. 어린 시절 군고구마와 시골 아랫목의 온기는 추억으로 사라지고 이젠 도시의 퇴근길은 춥기만 하다. 요즈음 겨울에 생각나는 것은 혀가 데일 정도로 끓인 굴국이나 매생이국이다. 그러나 그것은 일시적인 처방에 불과하다. 톨스토이는 말한다. "살아 있는 동안 신의 뜻에 따라 모든 사람을 사랑하는 것이다.

그렇다면 시인은 겨울을 어떻게 살고 무슨 꿈으로 견뎌내는가.

눈은 푹푹 나리고
나는 나타샤를 생각하고
나타샤가 아니 올 리 없다.
언제 벌써 내 속에 고조곤히 와 이야기한다.
산골로 가는 것은 세상한테 지는 것이 아니다.
세상 같은 건 더러워 버리는 것이다

— 백석, 〈나와 나타샤와 흰 당나귀〉 일부

눈송이처럼 너에게 가고 싶다
머뭇거리지 말고
서성대지 말고
숨기지 말고
그냥 네 하얀 생애 속에 뛰어 들어
따스한 겨울이 되고 싶다
천년 백설이 되고 싶다

— 문정희, 〈겨울 사랑〉 전문

사랑도 좋지만 겨울에는 '나의 조국'을 불러보자. 혹한의 겨울은 헐벗은 민중과 힘든 나라를 기억하기에는 그지없이 좋은 계절이다. 겨울은 죽음이고 절망이므로, 무엇인가 잃은 서러움은 더 고달파진다.

누가 조국의 부름을 받는가. 무명용사만이 목숨을 던지는 게 아니다. 낫을 든 농부도, 망치를 든 노동자도, 맨손의 아낙도, 붉은 피를 거리에 뿌린다. 펜을 든 시인은 뜨거운 피가 솟구치는 흥분을 느낀다.

우리에게 빼앗긴 땅이라는 이야기는 이미 까마득한 과거이지만 지금도 지구 어디선가 겨울 산하에서 젊은이들이 죽어간다.

> 내가 죽는다면 이것만은 생각해 주오
> 이국 땅 들판 어느 한 곳에
> 영원히 영국인 것이 있다는 것을
> 기름진 땅속에 보다 더 비옥한
> 한 무더기 흙이 묻혀 있다는 것을…….
>
> — 루퍼트 부르크, 〈병사〉 일부

리투아니아의 서정시인 루퍼트 부르크는 제1차 세계대전이 일어나자 입대하여 벨기에에서 싸웠고 지중해 원정대에 참가하였다. 아깝게도 27세의 나이에 스키로스 섬에서 병사하였다. 윈스턴 처칠은 국민을 대표하여 그에게 애도의 정을 표하였다. 그래서 〈병사〉는 요란한 선전용 애국시와 달리 심원한 생사를 담아낸다. 우리에게는 그에 못지않은 우국시인 윤동주가 있다. 이런 시인들은 펜을 총처럼 들었다. 아무리 쏘아도 마르지 않은 총탄 같은 언어로 시를 엮었다.

겨울은 끝과 시작이 서로 물고 있다. 그게 더없이 다행이다. 추운 겨울 한가운데에 첫 달인 1월이 있다는 게 얼마나 큰 희망인가. 만일 진정한 시인이고 산문가라면 나의 조국과 나의 시가 보배라고 말한 이은상처럼 나라 있음의 행복을 예찬하는 한 편의 글은 있어야 하지 않은가.

쓸개보다 더 쓴 잔 물고
참으라 거듭 참으라
새날이 찾아 올 때 너랑 같이 맞아야 한다
조국아!
내 불 타는 사랑
오직 너밖에 뉘게 주랴

— 이은상, 〈조국아〉 끝 연

1월은 새로운 달이다. 지난해를 잘 보낸 자에게는 생의 의미를, 지난해가 그렇고 그랬던 사람에게는 용기를 다시 북돋워준다. 1월이므로 그것이 가능하다. 당연히 꿈으로 가득하기를 기원하는 신년 일출은 그만큼 경건하고 장엄하다. 새해를 맞이하려면 올해만큼은 깨끗한 마음을 벗 삼고 희망을 친구로 삼아 내 삶에 향기가 났으면 하고 노력하는 것이다. 그러나 가장 필요한 것은 인간에 대한 배려이다.

오는 새해는
너와 나, 우리에게
그렇게 사랑으로 더욱더
가까이 이어져라

— 조병화, 〈신년시〉 일부

자모체위字母體位

3중창

모음 너희가 홀로 지내므로 말을 만들지 못하고
외로운 백성 또한 속말을 드러내려 하지만
누구나 제 뜻 하나 펴지 못하는지라
내 자음이 이것을 가엾게 여겨 열넷 자세를 세우니
각시 모음들은 내게 붙고 안기고 업히고 깔려
날마다 밤마다 새로운 글자를 이루고자 할 따름이라세

자음 낭군께서 혼자 있는 한 힘을 쓰지 못하므로
가슴 아픈 백성 또한 속내를 전하려 하나

끝끝내 한 뜻마저 묻혀 버리는지라
저 모음이 이것을 불쌍히 여겨 열 몸짓 취하오니
열넷 자음께서 내게 오르고 누르고 얹히고 박혀
집에서든 밖에서든 남다른 소리를 내도록 할 따름이라요

나라말인 자음모음이 기기묘묘 조화를 부리며
노는 품세가 자웅雌雄의 그 짓을 따르지만
세상 백성은 제 것조차 제대로 사용하지 못하니
천지개벽 희비애락 운우지정을 어찌 세세 전하리요
스물넷 몸뚱어리가 오직 백성을 위해 있나니
무릇 글쟁이는 언제나 쓰기 편하게 할 따름이니라

합창

나라말이 나라 안에서도 다르게 불려서
말과 글이 서로 통하지 않는다.
백성이 말하고자 하는 바가 있어도
마침내 제 뜻을 펴지 못하는 사람이 많다.
내가 이것을 가엾게 여겨 스물네 글자를 만드니 모든 사람들로
하여금
쉽게 익혀서 날마다 쓰는 데 편하게 하고자 할 따름이니라.

노닥이즘

아해가 줄넘기를 한다
어른이 말장난을 한다

아해가 사방치기를 한다
어른이 의미치기를 한다

아해가 숨바꼭질을 한다
어른이 사전찾기를 한다

아해가 군것질을 한다

어른이 꾸밈질을 한다.

아해가 해바라기를 한다
어른이 뜻바라기를 한다

아해가 햇빛에 벌거벗는다
어른이 달빛에 누드로 선다

아해가 어른이 된다
어른이 아해가 된다

비로소 언어놀이가 자유를 얻는다

총알 없는 쌍권총

비 온 후 앞 언덕에 쌍무지개 걸리고 동네 노송에 맨 쌍그네에 까치 두 마리 쌍쌍으로 먹이 찾는 아침 쌍꺼풀과 쌍눈썹 화장으로 돋우고 대문을 휙 나서는 할매 아내 조용히 지켜보던 할배 남편이 쌍코신을 가지런히 댓돌에 챙겨둔 후에 쌍지팡이 조심스럽게 짚고 옆집 사랑방으로 나들이 가는 신세가 된 건 총각 때 읍내 어깨로 한 시절 휘젓다가 쌍판 어깨에 쌍칼질 당한 후 산 너머 살던 대찬 색시가 쌍가마 타고 시집온 후 평생 쌍미雙眉 부릅뜨며 쌍년 두 딸에게는 미술 그리고 쌍공후 켜게 하고 쌍둥이 두 아들에겐 조기교육으로 언문 진문 쌍구법 가르치며 언제고 쌍두마차 같은 그랜저 몰아라는 꿈 물려주어 소원 이루니 평생 연분인가

싫어 할배는 그저 쌍분 자리 하나 마련한 걸로 쌍수 보은한다 하여도 할매는 쌍루 흘리던 시절 다 잊고 인생이란 쌍고치이고 쌍끌이 배와 같다 하면서 오늘까지 쌍끗 웃는 말로 자손들 단속하니 쌍권총 시절 그립지만 총알 없는 신세이니 별수 있냐는 듯 먼 하늘 바라보며 맘속으로 쌍화점 노래나 부르지요. 그냥.

산生 자 vs 사死 자

설 수 있는 vs 누워만 있는
사연을 만들어가는 vs 추억을 잊어가는

남이 미운 vs 자신이 미운
이밥 잘 먹는 vs 갱죽도 못 먹는

말을 잘하는 vs 듣기를 잘하는
로댕의 조각에도 무딘 vs 풀벌레에도 울고 싶은

아침이면 눈 뜨는 vs 아침에도 눈 감은

부유富裕한 지위를 바라는 vs 부유浮游한 시절이 그리운
하루 세 끼에도 배고픈 vs 제삿밥 한 끼에도 1년 배부른
여자 남자로 구분되는 vs 시신으로만 불리워지는
도서벽지도 다녀야 vs 그저 제자리에 박혀야

가시에도 아픈 vs 망치에도 안 아픈
야금야금 시간을 빼먹는 vs 훌훌 육신을 흙으로 만드는
할 일 없을까 걱정인 vs 심심하여도 할 일 찾지 않는

삶이 싫다면서 살려는 vs 죽음이 싫다면서 살지 못하는

귀 막고 눈 감고 싶은 vs 귀 뜨고 눈 열고 싶은
감기조차 두려워하는 vs 폐암도 이제 겁나지 않은
고생문으로 들어서는 vs 저승문을 넘어 선

살을 섞으려 하는 vs 있는 살도 썩히는
아이가 어른이 되려는 vs 다시 아이로 돌아가고픈
보고픈 사람이기를 vs 잊혀지는 신세이기를
세상은 살 만하고 vs 저승도 머물 만하네

갑자기 글말놀이가 허무하고 헛되다. 생사를 어찌 사과처럼 두

조각내며 비밀 코드를 심은들 무슨 소용인가. 생사生死란 과일즙. 그러므로 mix it thicker thicker thicker, drink it deeper deeper deeper, and dance longer longer longer. 그냥.

로또타령

"슬근슬근 톱질이야. 당기어 주소, 톱질이야."

제비가 물어준 씨앗에서 열린 박을 켜면서 금은보화가 쏟아지기를 청하는 홍부내외의 박타령이다. 홍부를 달리 해석하면 유산을 별로 얻지 못한 장자세습이라는 제도권의 희생자다. 그런데 제비 다리를 고쳐준 대가로 일확천금을 얻는다. 현대판 인생역전의 원조다.

로또복권의 열기가 그칠 날이 없다. 언젠가 1등 총 당첨금이 800억을 훌쩍 넘겼다는 기사를 본 적이 있다. 홍부의 박에서 쏟아진 모든 재물을 몽땅 합쳐도 백억이 될까. 그러니 복권방으로 몰려드는 시중 행렬을 나무랄 일이 못된다.

로또광풍을 우려의 시선으로 들여다보는 분들이 많다. 상습도박자가 급증한다든가, 근로의식이 준다거나, 사행심을 조장한다는 이유다. 하지만 옹호하고 싶은 면도 있다. 무엇보다 꿈 그 자체다. 외환위기를 거치면서 쪼들려버린 사람들에게 한방으로 인생역전을 이루는 꿈은 희망일 수 있다. 〈흥부전〉의 재미도 신분의 반전이다.

왜 복권에 매료될까. 아마 평등성 때문이지 싶다. 814만 분의 1이라는 확률 앞에서는 학벌도, 족벌도, 지연도 힘을 발휘하지 못한다. 서울입네, 지방이구나 하는 차별도 없다. 당첨은 오직 자신이 선택한 행운으로 결정된다. 어찌 보면 가장 공평한 게임이다. 근래 사람들의 입에 오르내리는 다른 숫자에 2,235억이라는 것이 있다. 대박의 꿈과 달리 이것은 제왕적 통치행위라는 불평등과 맞물려 있다. 진정 어두운 숫자는 어느 것인가.

언제부터인가 국민들의 열기가 매년 분출된다. 붉은 악마들의 월드컵 응원, 두 여중생의 죽음에 대한 촛불 시위, 나아가 선거를 혁명적으로 바꾼 인터넷 접속, 일인시위의 강렬한 힘 등이 여름철 한반도를 달구었다. 그때마다 우려가 적지 않았지만 국민들은 자제심을 잃지 않았다. 일을 하면서 즐기고, 즐기면서 일하는 법을 익힌 것이다. 진정 걱정스러운 것은 뉘우칠 줄 모르는 정치가들의 독선이다.

국민은 길을 잃지 않는다. 돈 늪에 빠진 것이 아니다. 꿈 자체를 한 번 더 즐기고 싶을 뿐이다. 되면 덤이다. 경직된 사회에서 그나마 로또복권은 흥부의 박타령처럼 인생 역전을 가능하게 하지 않는가.